當**恐懼**占據心靈
日常逐漸**失序**

無意識控制、毀滅性心理暗示、睡眠狀態訓練，
擺脫無用的負面思想，奧里森‧馬登談信念的力量

奧里森‧馬登 —— 著　胡彧 —— 譯

「我就是自己所想的那個人，我就是██████████的任何人。」

貧窮就好像無法擺脫的宿命？
明明有能力卻不敢奢望出人頭地？
時間不斷流逝，憂慮似乎成了疾病？

任何人都不該成爲環境的犧牲者，而應成爲主宰者；
外在的事情無法決定你的命運，只有你能選擇自己的命運！
將負面思想趕出心智世界之外，奧里森‧馬登談信念的力量——

目錄

CONTENTS

前言

在人類漫長的歷史中，人們從未像現在這個時代這樣明白正確的思想所產生的無限潛能。我們已經在每一個文明國家裡都見證了這點。

在啟蒙之後的世界裡，形上學的各種學派都在以各種不同的名義生發，並且在全世界範圍內有一種燎原之勢。人們漸漸明白了神性真理所帶來的好處，明白了樂觀主義與愛意所帶來的全新福音，感受到了一種充滿甜蜜與哲學思想的光芒。這些思想原則似乎放之四海而皆準，能夠為全世界的每一個國家都能加以運用，而不論這些國家之前是沿用哪一種的哲學思想，更好的推動人類文明的不斷進步。

這一偉大的形上學運動的基本原則已經為人類建構心智、打造品格、鍛鍊身體以及創造成功打下了一個扎實的基礎，必將會為全人類帶來無盡的福祉。

現在，我們都已經意識到了，我們每個人心中都存在著一種東西，這樣一種東西是永遠都不會生病的，永遠不會犯下任何罪孽的，也永遠不會死去的，這樣一種東西是躲藏在肉體的背後，卻又超脫於肉體本身，這種

PREFACE

東西能夠讓我們與神性的理念相連在一起，讓我們能夠與無限的生命融為一體。

我們都開始意識到肉體背後隱藏的這種強大力量所具有的本性，這種能量能夠治癒我們身心的疾病，能夠讓我們不斷更新自我，讓我們的身心處於一種和諧狀態，並且還能不斷的提升我們的狀態，最終讓我們處於一種至福的狀態。這樣的一種狀態是我們每個人天生都能感受到的一種本能的力量。

為了以更加清晰簡單的語言去陳述本書的觀點，避免涉及到任何技術層面上的問題，更好的闡述這種能夠讓我們從芸芸眾生中脫穎而出的全新哲學，更好的消除人與人之間的紛爭，從而過上更加具有價值的生活，我們將會以現實生活中一些普通例子進行闡述，以求讓每一位讀者都能更好的理解本書的宗旨，那就是讓每一名讀者都能在日常生活中加以實踐，從而成為更好的自己。

現在，越來越多的人開始相信「上帝絕對不會創造出需要修補的人類」這樣的觀點。我們開始意識到，支配著那一個創造、修復、提升、治癒我們的相同原理，必然能夠將我們內心的一些不良的東西消除掉。在神性真理的指引下，我們能夠找到自身存在的真實價值。我

們開始發現，每一個人在健康方面都是被一種永恆原則去指引的，如果我們能夠好好的運用這些原則，就必然能夠癒合自身的傷口，為所有遭受痛苦與創傷的人類提供一個溫馨的港灣。

筆者希望透過這本書能夠表現出一點，那就是人類的身體不過是自身內在心智的一種外在表現罷了，也就是說，人的身體不過是人類心智的一種外在展現形式罷了。因為我們的身體狀況都是與自身的思想緊密相連在一起的。因此，我們是生病還是健康，是痛苦還是快樂，是年輕還是年老，是可愛還是可惡，這些都是取決於我們控制自身心靈過程的程度。筆者希望能夠讓每一位讀者都能夠明白一點，那就是每個人都能夠轉變自身的思想，或是改變自己的身體狀態以及自身的品格，而這樣做的一個重要方法就是改變自身的想法。

本書想要闡明以下這些觀點。每個人都不應該，也不能夠成為環境的犧牲者，而是應該成為環境的主宰者。任何外在的事情都不可能主宰他的命運，只有他自己才能夠主宰自己的命運。每一個人都能夠漸漸的改變自己所處的環境，創造出自己滿意的環境。每個人都能夠找到擺脫貧窮的良方，擺脫孱弱的身體狀況，擺脫不快樂的狀態，而這樣做的方法其實是非常簡單的，那就

是讓自己透過科學的思考方式去進行思考，讓這樣一種科學的思想與無限生命的科學思想產生關聯，讓我們能夠感受到富足、健康以及和諧。這種與造物者有意識的聯合，與無限生命處於一種和諧的狀態，就是人類感受平和心態、能量以及獲得福足的最重要的祕密。

本書的內容強調人類與無限生命之間的同一性，以及人們在明白了這一事實之後，就會認為自己的創造性能量其實與宇宙的創造性能量是無法區分開來的，因此他們永遠都不會覺得自己是匱乏的，也不會覺得自己無法再繼續進步的。

本書希望能夠讓讀者明白，人類能夠守衛自身心智的大門，只允許那些友善的思想進入，只允許那些能夠為我們帶來愉悅、富足的思想進入，同時將所有會讓我們產生不和諧、痛苦或是失敗的思想趕出心智的世界之外。

本書希望能讓讀者明白一點，那就是「你的理想就是你最終能夠獲得的東西的一個預言」、「人的思想是命運的別名」。我們每個人都可以透過轉變自身的思想，去讓自己擺脫紛爭，轉向和諧，擺脫疾病，走向健康，擺脫黑暗，走向光明，擺脫仇恨，走向愛意，擺脫貧窮與失敗，走向富足與成功。

在一個人想要提升自己之前，他首先要提升自己的思想。當他掌握了如何控制自身的思想習慣，知道了如何讓自己的心智能夠對生命能量保持一種開放的態度，那麼我們就能夠明白生命的祝福所具有的祕密。那麼，人類也將會開創一個全新的紀元。

奧里森·斯威特·馬登

1909 年 1 月

PREFACE

第一章
心智控制身體所具有的能量

我們的命運會隨著我們的思想而發生改變。當我們的慣性思維與我們內心的願望處於一種和諧狀態時，我們就能夠成為我們想要成為的人，去做我們想要去做的事情。

　　「神性能夠改變我們的命運」的思想應該存在於我們的心靈深處，這應該代表著我們內在的自我。

　　在亨利·歐文（Henry Irving）去世之前，他的醫生就警告他不要在《鈴響》這齣話劇裡扮演自己的重要角色，理由是演出這齣話劇會為他的心臟帶來極大的壓力。愛蘭·黛麗（Ellen Terry），這位他在話劇裡擔任了許多年的女搭檔，在她的自傳裡這樣談到歐文：

　　「每當他聽到鈴聲響起來的時候，劇烈的心跳差點要了他的命。在這個時候，他的臉色總是顯得那麼蒼白 —— 這其中絕對沒有任何的化妝。而是因為他內心的想像力作用於他的身體所呈現出來的狀況。」

　　他在話劇裡扮演的是一位身強體壯、充滿活力的男子的死亡 —— 這與他在舞臺上扮演的其他人物的死亡都是不相同的。他真的差點去世了 —— 他想像著自己面臨著充滿痛苦的死亡。他的雙眼會向上翻，臉上會變得一片慘白，四肢是那麼的僵硬。

　　難怪，醫生的警告會被他所無視。亨利·歐文在布拉福舉行的《鈴響》話劇裡所扮演的角色讓他的心靈幾乎無法承

受強大的壓力。在他扮演完這個角色的二十四個小時之後，他就真的去世了。

在他第二天夜晚，歐文剛剛扮演完貝克特這個角色，他的醫生對他說，他肯定會在表演的過程中真的去世的。但是，歐文對他要扮演的角色充滿了期待與興奮之情，希望能夠為他的觀眾帶來真實的感受。正是這樣的想法竟然讓他能夠延遲死神降臨的腳步。

對演員來說，面對臺下觀眾期望的眼神時，他們內心想要做到更好的願望就會變得越來越強烈，這甚至會讓他們的疾病在短期內完全康復，或是讓他們忘記自己的身體所遭受到的痛苦。

愛德華·H·薩森（Edward H. Sassen）就曾說，當他走上舞臺之後，能夠感覺到自己的大腦活動要比平常快速許多，他的這些內心感受往往都會以肢體表現出來的興奮動作是相關的。「我所呼吸的空氣，」薩森這樣說道，「似乎都更加讓我充滿能量。在這個時候，疲倦似乎離我遠去了，我在表演的時候通常都會忘記自己的身體所遭受的痛苦。要是在我沒有表演的時候，我可能就要親自去找醫生看病了。」著名的演說家、偉大的布道者或是著名的歌手都有過類似的經歷。

這種「必須要做到」的念頭強迫著演員們發揮出自己的最佳水準，而不論他們是否願意這樣去做。在這種能量的

驅使之下，任何尋常的痛苦或是身體上的疾病都是不可能讓這樣一股力量保持沉默或是被壓制的。有趣的是，即使當我們感覺到自己已經是不大可能去做出某些必要的努力時，當危機突然降臨的時候，當需要立即對緊要關頭進行處理的時候，當我們覺得自己箭在弦上，不得不發的時候，那麼在我們內在心靈裡潛藏已久的能量就在瞬間迸發出來，讓我們以無比勇敢的姿態去面臨當下的挑戰，讓我們能夠去完成之前看上去不可能完成的任務。

對於歌手或是演員來說，要想讓他們因病放棄一場表演或是演出的話，這是很少發生的事情。但是，倘若他們沒有什麼演出任務，那麼他們就很容易患病或是感到鬱鬱寡歡。因此，在演員與歌手等行業裡，經常會有這樣的說法，那就是他們不能承擔生病所帶來的後果。

一名演員說：「我們都不能承擔生病所帶來的後果，因為我們絕對不敢有這樣的奢望。我們每個人的內心有一種必須要將事情做好的信念。雖然有時在家或是在私人場合的時候，我會像任何人那樣躺在床上，好好的養病。但是，我從來沒有試過這樣去做，因為我需要對自己的演出負責，需要對觀眾負責，這樣的念頭讓我不得不時刻處於最佳的身體狀態。可見，人的意志力是最好的刺激力量，這句話絕對不是隨便說說的。很多在戲院裡工作的人都知道，他們必須要時

刻保持健康的身體，才能夠進行更好的表演，也才能讓觀眾感到更加滿意。」

我認識一位患有風溼性關節炎的演員，在發病的時候，即使是在拐杖的幫助下，他都無法走上兩個街區的路程，從他的飯店到他所在的戲院。但是當輪到他上臺的時候，他不僅會以最從容自在優雅的方式上臺，而且還會對自己在幾分鐘之前感受到的極大痛苦表現出一種全然的遺忘，似乎他壓根就沒有患上這樣的疾病。在這個時候，一種更為強大的動機將疾病所帶來的痛苦消除掉了，讓他完全忽視自己所遇到的麻煩與痛苦，而風溼性關節炎所帶來的痛苦在這個時候也暫時消失得無影無蹤了。我們要注意到，這樣的一種疾病並不是被其他的一些思想、熱情或是情感所覆蓋住了，而是暫時的被壓制住了。一旦演員在臺上的表演結束的時候，那麼他又會發現自己根本走不了路。

內戰期間，格蘭特將軍 (Ulysses S. Grant) 在阿波麥托克斯郡的時候，就曾備受風溼病所帶來的痛苦。此時李將軍 (Robert Edward Lee) 那邊宣布投降的消息傳到了他的耳朵，格蘭特將軍一下子全然忘記了自己的風溼病，而且還立即將風溼病所帶來的痛苦全部趕走了 —— 至少是在那麼短的時間內。

舊金山地震所帶來的重大驚恐讓一位躺在床上不能動彈十五年之久的中風患者一下子就恢復了健康。與此同時，新

聞報導上還有許多其他人神奇治癒身體疾病的一些情況。很多數年來都無法動彈的人，這些誰都無法去指望的人，在面臨著重大災難的時候，就會像勇士那樣去努力，將他們的孩子與家庭財產帶到一個安全的地方。這是他們之前根本都無法想像的事情。

只有當我們遭受考驗的時候，才能知道我們到底能夠承受什麼樣的挫折與痛苦。很多心靈脆弱的母親認為自己無法承受孩子夭折所帶來的極大痛苦，卻在埋葬了丈夫與自己最後一個孩子的時候，在身無分文的時候，勇敢的走下去，繼續自己的人生道路。當我們面臨著極大的需求時，我們內心的一種強大能量就會瞬間迸發出來，讓我們能夠立即滿足這樣的要求。

羞澀的女生一下子感受到死亡的陰影所帶來的恐怖時，就會感到不寒而慄。這樣的思想會讓人們的內心感到莫名的痛苦與顫慄。其實，我們每個人都能夠以一種神奇的堅韌去面對各種難以避免的痛苦。軟弱的女人懷著強大的勇氣走上手術臺，儘管她們知道這樣的手術可能是致命的。但是，正是同樣的這個女人可能在面臨某些危險的情形時，感到內心無比痛苦，因為她們無法預知前面等待著她們的到底是什麼。無法預知的因素為我們帶來了一種痛苦的感受，然後這種痛苦的感受又作用於我們的思想，從而讓自身的思想使我

們成為了懦夫。

　　一個在平時無法忍受輕微針刺的人，在沒有麻醉藥的作用下不敢拔牙或是割下一點肉的人，要是因為置身於某場事故，處在遠離文明世界的地方，那麼他在替自己進行截肢手術的時候都根本不會感到那麼恐懼，要是他像之前那樣待在舒適的家裡，這樣的做法簡直就是要了他的命。

　　我看到過不少人強大之人在面對火災時，都沒有表現出任何一絲的恐懼。我們每個人在面對災難的時候，都能夠表現出強大的心理特質，讓我們能夠應對任何形式的緊急情況。這代表著我們每個人的心靈都存在著上帝。一些勇敢的消防員在知道自己的逃生的退路都被切斷之後，依然沒有表現出任何一絲的畏懼。當最後一根遞給他們的繩索都被燒掉之後，他們依然顯得那麼勇敢。當最後一個梯子被燒掉之後，當一百多公尺高的屋頂倒塌下來的時候，他們依然堅守自己的崗位上。當熊熊烈焰將整座大樓全部吞噬之後，他們沒有表現出懦夫那樣的畏懼。

　　我很小的時候就被告知，在南達科他州黑山的死森林裡是沒有電話，沒有鐵路或是電報通訊設施，所以那裡的人必須要走數百公里路程才能去看一位醫生。就因為如此，對那些收入不高的人來說，要想請醫生，這幾乎是不可能的事情。住在這裡的人幾乎是在遇到極為嚴重的疾病或是狀況的

時候，才會想辦法去找醫生看病。其中一些養育很多孩子的家庭似乎是在根本沒有醫生的照看下成長的。當我詢問這些人他們在成長過程中是否生過病，他們這樣回答說：「沒有。我們從來都不會生病，因為我們無法承擔看病的費用，所以我們不敢生病。即使我們想要請醫生，醫生過來這裡也要很長一段時間。很多時候，在醫生趕來之前，病人就去世了。」

在所謂的「高等文明」的世界裡，最讓人感到遺憾的一點就是，這樣所謂的文明社會將我們內心抵抗疾病的信念給扼殺掉了。在許多大城市裡，很多城市居民都要為患病時刻做好準備。他們時刻等待著疾病的到來，對疾病隨時降臨始終抱著一種忐忑的心情，結果他們最後真的患病了。他們所住的地方離醫生、醫院或是藥房只有一、兩個街區，因此一旦稍微得了點疾病，就會想著去找醫生看病。他們更多的是尋求外在的幫助，希望找醫生去治好他們身體感到的不適。

在邊疆尚未開墾前的歲月裡，仍有不少的村子都沒有醫生踏足一步的。住在這裡的人們都是身強體壯之人，他們幾乎不依賴於醫生的救治。他們培養了一種抵抗疾病的強大能量。

毋庸置疑，在很多家庭裡，過度依賴醫生的救治，這是導致住在這些家庭裡的人體質不佳的重要原因，其中很多孩子從小就是身體孱弱。每當孩子的身體出現了一點點小小的疾病，那麼他們的母親就心急如焚，立即要請醫生過來看

病。這樣做就造成了孩子們在成長的過程中總是覺得自己必然會生病，必然需要醫生的救治，覺得自己必須要依賴藥物的幫助。這樣的心靈想法會影響他們一輩子的生活，為他們日後的人生帶來極大的災難。

當每一個醫生以及任何一種藥物都將會視為與人類的身體是不相協調的時候，那麼真正的美好時代才會降臨。要是孩子們從小就在充滿愛意、充滿追求真理以及追求和諧的環境下成長，要是孩子們從小就被培養正確的思想，那麼醫生與藥物就並不會存在於孩子的成長過程當中。

在過去十年裡，成千上萬的家庭都從未吃過藥物或是見過醫生一面。現在，人們已經越來越明白一點，那就是我們並不需要請一個外人去幫助修復我們的身體，因為我們的身體是造物主創造出來的，因此那種過度依賴藥物與醫生的做法將會變成過往。造物主絕對不會將我們的命運寄託在那位住得離我們很近的醫生身上。

造物主從來都不會將祂所創造出來的人類交給任何所謂的運氣，也不會讓人類要面臨著殘忍的命運或是無法確定的宿命。造物者從來都不讓祂的子民要忍受著疾病的控制，受制於藥物與醫生的控制，造物主從來都不會讓祂的子民的生命被他們所住附近的地方是否有某種植物的事情控制，也不會讓這些人受制於他們所住附近的地方是否存在著某種能夠

治癒他們疾病的礦石。

　　上帝將人類所遭受的一切病痛都牢牢的握在祂的手掌心 —— 在上帝看來，這一切都是能夠有拯救的餘地 —— 相比於上帝將解救人類疾病的藥方存放於地球某些遙不可及的地方，只有極少數人能夠找到這些藥物，而數以百萬計的人則要因為不知道這種藥物的存在而去世的想法，難道不是更加符合情理與理智嗎？

　　在每一個生命個體上，都存在著一種潛在的能量，這是代表著生命的一種堅不可摧的力量，也是代表著健康的一種永恆的法則，這能夠癒合我們所有的傷痛，能夠對世界上存在的許多傷痛都帶來治癒的效果。

　　當一個人置身於危難時刻，需要他積極投身進去的時候，他幾乎是絕對不可能處於生病狀態的！對於一位女性而言，即使她的健康狀況不是很良好，但是倘若她在某一天受邀到華盛頓的白宮參加晚宴，那麼她的疾病也會在那一天好起來的。

　　慢性疾病患者幾乎都可以在承擔某項重要使命的時候治好自己的疾病。當某位親人去世或是因為遭遇到了貧窮，或是因為突然遭遇到了一些緊急的情況，那麼他們就不得不要從之前遠離公眾的目光中走出來，從之前只專注於自己的念頭中走出來，不再沉浸於自己的痛苦與煩惱之中了。請你們

看看吧，之前困擾了他們許久的疾病已經開始慢慢消失了。這是一種多麼神奇的力量啊！

在當下這個時代，成千上萬的女性都生活在相對健康的狀態，要是她們不是出於生計而不斷進行努力與奮鬥的話，那麼她們是無法走出疾病的思想，就無法從自我的思維狀態中走出來，去將專注力轉移到別人身上，然後為那些需要她們養活的人進行努力的話，那麼她們可能早就去世了。

許多這樣的男人與女人要是不能進行這樣的思想轉變，不是出於維持生計與養家糊口的需求，都將會讓自己的身體變得羸弱，讓疾病無法遠離他們的身體。因為他們不得不要努力賺錢，養活家裡的妻子兒女，養活自己的父母，他們不得不要努力賺錢為孩子購買新的衣服，防止他們遭受寒冷的侵襲。正是這樣的生存壓力與現實的壓力，讓他們不能停下手中的工作，讓他們不去想自己到底是否願意去工作，也不會將過多的精力集中在自己身上。

難道世人不需要將他們獲得的成就歸功於這種「不得不而為之」的人生狀態嗎 —— 正是這樣的一種讓我們置身於絕境的狀態，在我們所有接受外在幫助的管道都被切斷之後，那麼我們才能最大限度的釋放內在的潛能，努力將自己從之前所處的環境中擺脫出來，從而實現了自己人生價值與昇華。

在這個世界上，許多最偉大的事情都是能夠在這種「不得不而為之」的壓力下完成的 —— 正是迫於生計或是追求健康的目標，他們不得不要時刻努力去向著這樣的目標不斷努力。

迫於情勢或是生計，這其實是無價的，因為這能夠幫助人類在面對看似不可能的事情時，做到最好，能夠讓他們上演一齣齣奇蹟。每個真正有所成就的人都會感覺到，他們的內心始終都有一股力量在激發著他們不斷前進，這就是他們前進的永恆動力。有趣的是，不管他們是否願意真正的前進，他們都沒有辦法，因為這種內在的力量始終在驅動著他們，要求他們努力完成設定好的目標。

正是我們內心的這樣一種「不得不而為之」的衝動，才讓我們勇敢的邁出了第一步，不斷驅動著與激盪著我們的內心，讓我們願意忍受各種艱難困苦的時間，讓我們想辦法努力擺脫這樣的不良遭遇，不斷努力的去工作，為實現目標而奮鬥不懈。事實上，當我們迫於生計去不斷努力的時候，那種向前的欲望早已經將追求安逸的心態全部扼殺掉了，因為你知道在這樣的局面下，追求安逸已經是一種不可能做到的事情，而只有不斷努力才是你的唯一救贖。

第二章

貧窮是一種心靈的疾病

關於貧窮，最可怕的其實不是貧窮本身，而是貧窮的思想。正是那種堅信著我們一輩子都是窮人，因此必然一輩子都是窮人的心態，這對於我們提升自己的競爭力，過上富足的生活會產生致命的打擊。

當我們牢牢的堅持著貧窮的思想，這會讓我們始終遭受著貧窮的桎梏以及由貧窮所產生的一系列不良的環境。

首先，我要說，貧窮是一種不正常的狀態。貧窮的狀態與任何人的身體結構或是身心都是不相稱的。貧窮與人類身上所具有的神性透露出的承諾以及預言都是相悖的。造物者在創造人類的時候，絕對沒有想著要讓人類一輩子成為傀儡、乞丐或是奴隸。在造物者的眼中，人類的每一寸的身體結構都絕對不是注定讓人類一輩子過上貧窮生活的。在造物者更加龐大的神性計畫裡，存在著一種更為龐大且具有力量的目標，這樣的目標絕對不是僅僅讓人類成為一種只能追求生計或是麵包的動物，而是讓人類還應該有更高的追求。

當一個人始終覺得貧瘠與匱乏始終拉扯著他的腳步，當他深受掣肘的時候，當他備受限制的時候，永遠只能成為貧窮環境的受害者的時候，那麼他將永遠都無法將工作做到最好，也將無法將自身最美好的潛能釋放出來。

那些貧窮之人，那些養活自己的人，都根本無法做到獨立自主的。這樣的人根本無法掌控自己的人生。通常來說，

他們都不敢理直氣壯的表達自己的觀點，也不會擁有屬於自己的觀點。他們沒有足夠的經濟來源去居住在舒適的房子裡，也很難擁有健康的身體。

　　無論任何人以任何名義去讚美貧窮的話，貧窮的極端形式就是不斷局限一個人的視野，讓他感到自身的卑微，摧毀其雄心壯志──這可謂是貧窮所帶來的一種永恆的詛咒。在貧窮狀態下，我們很難感受到一丁點希望，很難對未來有什麼美好憧憬，當然也不會感受到那些歡樂的情感。通常來說，貧窮只能會將人性中最醜惡的一面暴露出來，他們為了擺脫貧窮的狀態不擇手段，最後徹底扼殺掉其內心的愛意。但是，最諷刺的是，一個人若喪失了愛意，那活著又有什麼意思呢？

　　對一般人來說，若是處於極度貧窮的狀態下，要想成為一個真正意義上的男人或是女人都是極端困難的。當我們感受憂慮、尷尬或是深陷債務的時候，那麼我們就不得不為了一斗米而折腰，這是非常現實的事情。因此，在貧窮的狀態下，要想保持每個人作為個體的尊嚴，這幾乎是不可能的，也很難讓我們以客觀的眼光去看待這個世界。當然，一些極少數具有純潔心靈的能夠做到這點，他們在貧窮的生活環境下都能過上高尚的生活，當然世人也不會忘記這些人高尚的行為。但是，倘若我們從另一方面去看的話，就會發現，除

了這極少數的一部分人之外，更多的人都是因為貧窮而置身於整個社會的最底層，讓他們無法釋放出自己的才智與潛能，因為他們根本就沒有這樣的機會與條件，貧窮已經將他們牢牢的局限在社會的最底層。

無論在任何地方，我們都可以看到，貧窮所帶來的強大傷害性，貧窮讓人變得吝嗇，讓人變得盲目，讓人變得失去理智與不擇手段。貧窮匱乏所帶來的一些喪心病狂的行為開始漸漸暴露出來了，這是我們每一天都能從新聞報導上看到的。我們看到了許多未老先衰、滿臉哀傷的臉龐，看到許多原本應該過上純真美好童年的孩子卻因為貧窮的生活環境沒有了童年，我們看到了貧窮的烙印自從他們出生的那一天就已經深深烙在他們的身上了。我們看到了貧窮讓原本洋溢著朝氣的年輕人的臉上變得一臉陰沉，看不到半點的陽光與朝氣。貧窮會讓他們內心最美好的理想與願望都澆滅，並且將他們最具天賦的能力都矮化了，最終使其泯然眾人。

顯然，貧窮絕對不是一種至福，而是一種絕對意義上的詛咒。那些讚揚貧窮催生人類身上美德的人，其實就是最不能忍受貧窮帶來艱苦環境的人。這些人是非常虛偽的，他們總是一面鼓吹著貧窮對人類心智所帶來的積極影響，另一方面，自己卻在不斷的斂財，過上舒適的生活。這些人之所以可惡，就是因為他們所宣揚的思想為許多人帶來了思想的桎

梏，讓原本許多有能力的人在思想上受到了限制，甘願接受這尊貧窮的生活。

我希望我能夠讓每一個年輕人的心靈都能夠對貧窮產生一種赤裸裸的恐懼與擔憂，讓他們充分感受到貧窮所帶來的恥辱感覺。我希望每一個年輕人都要明白，貧窮的狀態會為他們的人生所帶來的痛苦與桎梏，讓他們感受到貧窮對人類夢想所產生的桎梏作用。

當然，我們需要說明一點，當我們一出生就生在貧窮的環境下，這一點是沒有任何恥辱可言的。因為每個人都無法選擇自己的出生。我們尊重那些因為健康不佳或是身體殘疾而陷入貧窮狀態的人。真正讓我們感到恥辱的是，當我們身心健康的時候，卻沒有將自身的才華充分釋放出來，未能將自身作為一個人應該做出來的最美好的行為做出來，從而改善我們所處的環境，這才是真正的恥辱。

我們所真正譴責的是那種可以避免的貧窮，也就是說，我們譴責的是那種因為不良生活習慣、散漫或是缺乏有序工作安排，或是懶惰逃避責任等行為而造成的貧窮。這樣的貧窮狀態之所以會產生，就是因為我們缺乏上進心，不願意努力去工作，還有就是我們懷抱著一種錯誤的思想狀態。其實這些造成貧窮的原因都是可以避免，但是這些人卻沒有加以去避免，這才是我們要去譴責的。

每一個人都應該為自己能夠避免卻未能避免的貧窮狀態感到羞辱，不僅是因為這反映除了他自身能力的不足，而且還會讓別人看不起他。更糟糕的是，這會讓他連自己都看不起。反過來，要是連他自己都看不起自己的話，那麼這樣的人幾乎鐵定一輩子都是活在貧窮當中的。因為在這個世界上，從來沒有一個連自己都看不起自己的人能夠擺脫貧窮的生活，過上富足的生活。

　　在當下時代，許多飽受貧窮之苦的人之所以仍然處於這樣的狀態，就在於他們缺乏自信，認為憑藉自己的能力無法擺脫貧窮的狀態。他們聽到過許多貧窮之人缺乏機會的話語，他們聽到許多貧窮之人談到金錢能夠讓許多人變得越來越有錢，而讓他們這些原本就貧窮的人變得更加貧窮，讓他們始終都無法擺脫一世貧窮的命運。他們聽到許多窮人說到，許多原本已經非常富裕的人都是為富不仁的人，只會向他們這些原本貧窮的人身上繼續搜刮財富。正是聽了太多這樣的想法，並且缺乏自己的主見，讓他們逐漸失去了對自身能力的信任，開始垂頭喪氣起來，覺得自己這一輩子都將無法擺脫貧窮的命運。

　　我並沒有裝作看不到許多富有之人表現出來的為富不仁、冷酷無情的一面，也沒有對這些富人所進行的不公平交易或是欺詐的行為裝作看不見，這些人都是唯利是圖的人，

他們利用政治上的便利或是經濟條件上的資源，巧取豪奪，將自己的富有建立在更多人貧窮的基礎之上。但是，我想要讓貧窮的人證明一點，那就是儘管這個社會上的確是存在著這樣的情況，但是許多貧窮之人的確是能夠憑藉自己的能力從艱難困苦的狀態中擺脫出來，並且不斷的爬上這個社會的上層階級。當你認為自己的上升通道被堵死之後，那麼就該說服自己你是有能力去克服自己所處的環境。

　　當一個人失去自信的時候，那麼這個人身上所具有的一切成功的特質都將會漸漸離他遠去，那麼生命對他來說，也將會變成了一種負累。試想一下，要是一個人沒有了自信，他能夠抬起自己的頭，挺直自己的腰桿嗎？這是不可能的。這樣的人失去了自己的雄心壯志與人生能量，他們不會太在乎自己的外在形象，也不願意為了獲得成功而付出常人所無法忍受的痛苦。這些人並沒有用心的投入到工作中去，不願意規劃自己的工作。他們逐漸養成了散漫懶惰的習慣，最終在戰勝貧窮，過上富足生活的道路上漸漸變得能力不足，自信不足，最終導致他們真的不足起來了。

　　許多窮人都幻想著能夠像他們富裕的鄰居那樣過上體面的生活，希望能夠裝點門面，但他們卻無法做到這點。這往往會讓他們感到內心沮喪，不願意充分發揮內在的潛能，去將自己的工作做到最好。他們沒有將自身最好的一面釋放出

來，沒有將自身真正的才華展現出來，然後全力的抵制貧窮所帶來的各種不良影響。如果要說有什麼是真正摧毀他們擺脫貧窮環境的努力的話，我要說正是他們想要在貧窮的環境下保持一種妥協的心態，讓自己能夠在貧窮的生活中也能自由自在的生活，而不是將這樣的生活狀態視為一種不正常的生活情況，然後盡自己最大的努力加以擺脫。

貧窮本身並沒有貧窮的思想那麼糟糕。只有當我們相信自己將會一世貧窮的時候，這才是最致命的。正是這樣一種貧窮的思想態度才是最摧毀人心的。當我們在貧窮的生活下過得心安理得的時候，往往就會消滅自己想要努力擺脫這種環境的決心。當我們還心存幻想，認為自己是能夠忍受這樣的環境時，就不敢切斷自己的後路，讓自己破釜沉舟的去實現自己過上富足生活的目標。

只有當我們選擇了錯誤的思考方式，面向了黑暗、陰鬱與絕望的人生前景時，這才會嚴重扼殺我們的努力，摧毀我們的雄心壯志。只要我們還懷揣著貧窮的念頭，到處散發出貧窮的思想，那麼你的人生將會受到限制。

當你始終懷著乞丐般的思想時，那麼你就只能成為一個乞丐。當你始終想著自己會過上貧窮的生活時，那麼你就必然會成為一個窮人，當你有著失敗的思想時，那麼你就一定會成為一個失敗者。

如果你害怕貧窮，如果你對貧窮心生恐懼，如果你擔心自己老年時無法過上富足的生活，那麼你所擔心的事情往往就會發生在你身上，因為內心的這種時刻的恐懼感會動搖你的自信，讓你沒有足夠的能力去應對艱難的環境。

磁鐵必然會忠實磁鐵所具有的屬性，因為磁鐵必然會吸引其自身所能吸引的東西。一個人活在世上，唯一所能夠利用的東西就是他的心智，而他的心智就像是他的思想。如果他的思想世界裡全部都是恐懼的思想、貧窮的思想的話，那麼不論他多麼努力的工作，最終也將是會吸引貧窮的。

你面向著什麼樣的方向，那麼你就能朝這個方向前進。如果你始終面向著貧窮，那麼你就不能期望自己能夠過上富足的生活。當你所走的每一步都是通向失敗的時候，那麼你是絕對不能期望自己能夠實現成功的目標。

如果我們能夠克服並且戰勝內心的貧窮思想，那麼我們很快就能征服並且戰勝呈現出來的外在貧窮。因為當我們改變了自身的心靈態度，那麼我們的身體行為也會自然隨之發生改變。

時刻懷揣著貧窮的思想會讓我們始終與貧窮匱乏的環境保持著關聯。當我們始終思考著貧窮，談論著貧窮，始終過著貧窮的生活，那麼這就會讓我們的心靈處於一種貧窮的狀態。我要說的是，這就是世界上最糟糕的一種貧窮狀態。

只有當我們的心靈態度面向富足的時候，我們才能踏上通向富足的康莊大道。只要我們還在凝視著絕望的深淵，那麼我們就永遠都無法駛向幸福的港灣，不論我們付出了多大的努力，不論我們為此耗費了多少的時間，都是不可能做到的。

　　那些始終讓自己懷揣著貧窮心靈態度的人，或是那些始終認為自己運氣不佳或是將要面對失敗的人，是絕對不可能在懷抱這種心理態度的時候走向與此相反的道路，因此他們也是永遠都無法過上富足的生活。

　　我認識一個年輕人，幾年前他從耶魯大學畢業。這是一個身強體壯的帥氣年輕人，他說自己身上沒有錢買得起一頂帽子，要是他的父親每個星期不寄給他五美金的話，那麼他就會餓死。

　　這位年輕人就是垂頭喪氣與貧窮思想的受害者。他認為自己並不能獲得任何意義上的成功。他嘗試去做許多事情，但是最終都以失敗告終。他說自己對自身的能力缺乏自信，而他過去在耶魯大學所接受的教育簡直就是一場絕對意義上的失敗，他說自己從不相信自己能夠獲得成功。因此，他從一份工作做到另一份工作，始終過著貧窮的生活，成為一個一事無成的人。造成這一切的根本原因就是他的心靈態度，因為他不敢以正確的態度去面對自己的人生。

　　如果你想要吸引好運的話，那麼你就必須要擺脫任何的

自我懷疑。只要自我懷疑的心態還橫亙在你與你的雄心壯志之間，那麼這就是始終阻擋你繼續前進的最大障礙。你必須要對自己的能力充滿自信。當一個人認為自己沒有能力做到的時候，那麼他是絕對不可能去創造財富的。那樣一種「我不能做到」的想法可以說是造成許多人事業失敗的罪魁禍首。自信是打開富足大門的一把關鍵鑰匙。

我從未認識一個想要生意成功的人整天去談論生意不好的。因為若是一個人養成了始終看不起自己，或是貶低自己的習慣，那麼這對他的個人成長與事業發展都將會造成致命的打擊。

造物主希望每個人都能抬起頭，而不是低下頭，希望每個人都能夠向上爬，而是在原地匍匐。蒼天為證，沒有任何命定的東西會讓一個人一世貧窮的，也不會讓一個人一輩子都過著痛苦或是充滿不安的環境裡的。

一個有出色能力，並在商界裡闖出一番天地的年輕人最近告訴我，在過去很長一段時間裡，他都過著非常貧窮的生活。直到他改變了自己的心靈習慣，下定決心絕對不要過上貧窮的生活，了解到貧窮不過是就是他想要時刻努力擺脫的一種心靈疾病而已，他才漸漸走出了貧窮的世界。他養成了每天都要肯定自己能夠過上富足生活的習慣，肯定自己的能力，相信自己能夠在這個世界上有一番傑出的成就。他始終

努力的將貧窮的思想從自己的腦海裡趕出去。他不願意再與任何貧窮的思想保持一絲的關聯。

　　他絕對不允許自己想著任何可能出現的失敗，他會讓自己的臉朝著成功的方向，遠離失敗與貧窮。他對我說，這種積極心理態度的轉變以及自我肯定的做法，帶來了神奇的影響，幫助他擺脫了貧窮，過上了富足的生活。

　　他曾說自己之前經常盡可能的壓縮開銷，想盡一切辦法去節約金錢。他選擇吃最廉價的食物，幾乎從來不坐電車，即使他為此需要走數公里路才能上班。在追求富足生活的全新心態的影響下，他完全改變了自己之前的習慣，下定決心自己要去好的餐廳吃東西，他要在好的地段那裡租房子住，他要盡可能的與有教養的人進行接觸，與那些能夠幫助他的人做朋友，拓展自己的社交圈子，打開自己的上升管道。

　　當他為人變得更加慷慨大度的時候，他得到的幫助也就越多，這反過來也能夠幫助他獲得更多的教育與了解更多的人情世故。最後，找到他做生意的人越來越多。現在，他才發現，自己之前的那種吝嗇與過度節約的生活方式嚴重制約著自己的事業發展。

　　雖然他現在過得非常好，他說自己現在所花的錢相比於拓展自己的思維，改變自己的心靈態度所得到的一切來說，簡直就是不值一提。

吝嗇的心靈態度是無法吸引金錢的。如果這些人想要獲得金錢，他們通常的做法就是透過過度的節約而得到的，而不是透過遵循富足的法則來完成的。要想吸引金錢，我們需要有一種更加寬廣的胸襟。那些心胸狹隘的人會自然而然的將富足的湧流關閉掉。

真正能夠幫助我們獲得最終勝利的人，必然都是懷著充滿希望、樂觀態度的人。樂觀主義精神可以說是成功的鍛造者，而悲觀的思想則會讓我們無法獲得任何成就。

樂觀主義精神能夠讓我們成為偉大的創造者。樂觀主義精神代表著希望與生命。樂觀主義精神裡面飽含著一切能夠帶來歡樂的心靈態度。

悲觀主義精神會成為摧毀我們的罪魁禍首。悲觀主義精神代表著絕望與死亡。即使你失去了自己所有的財富，失去了健康的身體，失去了你的名聲，你始終都要對自己保持希望，始終堅信自己的能力，始終抬起自己的頭。

只要你的身上還散發出自我懷疑與沮喪的氣息，那麼你最終也將會成為一個失敗者。如果你想要擺脫貧窮，那麼你必須要讓自己的心態處於一種更加高效且富於創造性的狀態。為了做到這點，你必須要懷揣著樂觀、自信與具有創造性的心態。在我們雕刻出雕像之前，必須要在腦海裡有這樣的一個藍圖。在你真實的過上這樣的生活之前，你必須要在

心靈的世界裡首先看到這樣一種全新的生活。

　　如果那些在世界上窮困潦倒的人，那些被社會邊緣化的人，那些認為自己永遠錯失了機會的人，那些認為自己再也無法東山再起的人，能夠明白轉變他們的思想所能夠帶來的強大能量，那麼他們其實是很容易重新開始的，重新創造屬於自己的輝煌人生。

　　我認識一家人，這家人就是透過完全改變他們的心靈態度，從而完全改變了他們的家庭狀況。他們之前長時間生活在一種沮喪的生活環境下，他們深信成功都是屬於別人的，而不是屬於他們的。他們深信自己這家人注定是要過著貧窮的生活，忍受著失敗與挫折的命運。他們認為自己所面臨的一切事情都是處於一種很糟糕的狀態。在他們的家裡，幾乎看不到任何一幅畫，地板上也沒有看到地毯，牆上沒有掛著一幅畫 —— 他們的家裡沒有任何物品是可以讓這個家變得更加舒適與充滿樂觀精神的。所有的家庭成員似乎都認為他們天生就是失敗者。這個家看上去死氣沉沉、冷清以及缺乏樂觀精神。任何關於這個家庭的東西都是讓人感到那麼的壓抑。

　　一天，他們的母親讀到了一篇文章，文章上說，貧窮在很大程度上是一種心理疾病。於是，她開始改變自己的思想習慣，然後漸漸的將之前那些沮喪、憂鬱或是失敗的思想都轉變成樂觀、勝利與成功的思想。她用一種陽光的心態去面

對這個世界，開始重新感受到了生命是充滿價值的。

　　很快，她的丈夫與孩子就被她的樂觀精神所感染。在很短的時間內，整個家庭似乎變了一副模樣似的。樂觀主義精神開始取代之前瀰漫在家中的悲觀主義精神。她的丈夫也開始徹底改變自己的思想習慣。他再也不會沒有刮鬍子就去上班了，也不會再放縱之前那些沒有禮貌的舉止，更加注重自己的外在形象，開始穿戴整潔起來了。孩子們也開始學習他們父親的榜樣。這個家庭很快就煥然一新了，全家人都開始遠離悲觀的思想，擺脫貧窮與失敗所帶來的限制與束縛。

　　結果，這個家庭經歷了許多人稱之為「運氣」的轉變。其實，這樣的轉變首先是從心靈的態度開始的，是從他們對成功與幸福的看法開始的，將之前那些失敗的想法統統趕走。這位父親的內心將之前所有不良的思想都全部趕走，只留下全新的希望與勇氣，努力增強自己的工作效率，沒過多久，他就獲得了提拔。他的兒子們也在工作上做出了成績。在這種充滿希望與勇氣的創造性氛圍裡過了兩、三年之後，這個家庭的面貌與氣氛都煥然一新了。

　　每個人都必須要努力去實現自己的雄心壯志。如果你想要成為一個成功之人，那麼你就必須要努力做好自己的工作。如果你想要展現出富足，那麼你必須要努力去爭取過上富足的生活。你的行為舉止都必須要充滿著自信。你必須要

讓別人留下你自信的感覺，你有足夠能力去做好自己的本職工作，並且能夠將這份工作做得非常好。假設這個世界上最偉大的演員有一個專門為他創作的劇本，而他在裡面擔任主角。他要扮演的這個主角是一個需要創業的角色 —— 這是一個性格鮮明、內心進取的角色，他身邊的人都會為他的存在以及氣質所打動。假設這位演員在扮演這個角色的時候，說話的態度以及舉止似乎自己是一個不成功的人，以一種散漫、馬虎或是卑躬屈膝的態度走上舞臺，給人一種他毫無雄心壯志，沒有足夠的能量或是朝氣，似乎他對自己即將要賺多少錢的想法沒有任何的信心；假設他以一種道歉、逃避的態度走上舞臺，似乎在說：「現在，我根本不相信自己能做到這些事情。對我來說，這些事情實在是太難辦了。其他人可能能夠非常輕易的做到，但是我卻從來都不敢想。我從來沒有想過自己能夠擺脫貧窮，過上富裕的生活。不知怎麼的，我覺得財富似乎總是歸屬於別人的，而我卻始終都無法追逐到財富。我只是一個普通人，我沒有太多的經驗。要是我覺得自己以後能夠成為一個富人或是在這個世界上有太多的影響力，這會讓我們覺得非常虛偽。」要是你在舞臺上展現出這樣的姿態與心態，那麼你會讓臺下的觀眾留下什麼樣的印象與觀感呢？這樣的一個演員能夠透過言行舉止散發出自信，能否展現出能量與或是從容，能夠讓臺下的觀眾認為像

他這樣的弱者能夠創造出龐大的財富，能夠操控那個創造出金錢的體系？難道臺下的觀眾不會說他是一個徹頭徹尾的失敗者嗎？難道他們不會嘲笑他想要賺取金錢的念頭嗎？

假設一個年輕人在剛步入社會的時候，內心懷著要創造財富的念頭，但卻始終展現出自己的貧窮，坦誠自己缺乏賺錢的能力，並且告訴每個人自己是「運氣不佳」，而且他「總是期望著自己會過上貧窮的生活」的話，那麼你會認為這樣的年輕人會成為一個富人嗎？談論貧窮的狀態，思考著貧窮所帶來的各種限制與桎梏，在現實生活中過著貧窮的生活，從一開始就給人一種自己是生命的傀儡這樣的感覺，穿著打扮都像一個失敗者，行為散漫，家庭缺乏進取心，那麼這樣的人要經過多久的打拚才能實現成功的目標呢？

我們對自身想要爭取實現的目標的心靈態度，與我們是否能夠實現這個目標有著莫大的關係。如果一個人想要過上富足的生活，那麼他必須要相信自己天生是要獲得成功與過上幸福的生活，相信自己的身上背負著上帝賜予的神性。如果他遵循這樣的想法，那麼他就能追隨著富足所散發出來的光芒。

你要將所有的心靈陰影全部消除掉，將所有的自我懷疑以及恐懼都驅趕出你的心靈世界，將所有關於貧窮與失敗的念頭都從你的心智世界裡統統趕走。當你最終成為了自身思想的主人的時候，當你已經學會了如何掌控自己的心靈，那

麼你將會發現事情會漸漸沿著你所想要的方向去發展。垂頭喪氣、恐懼、自我懷疑、缺乏自信，這些都是會扼殺掉成千上萬人富足與幸福的罪魁禍首。

　　若是所有的窮人都能夠遠離他們所處的陰鬱或是沮喪的環境，面對著陽光與喜悅，如果他們能夠下定決心，認為自己從今以後與任何貧窮或是散漫的生活狀態沒有半點關聯的話，那麼這樣的決心與果敢，將會在很短的時間內改變我們人類文明的進程。

　　每一個孩子從小就應該被灌輸期望富足生活的觀念，從小就應該相信這個世界上美好的事情都是為自己而準備的。如果這些孩子從小就接受這樣的教育，那麼當他們成年之後，這樣的信念將會為他們的人生帶來積極的影響。

　　財富首先是從每個人的心靈世界裡創造出來的。在我們真切得到財富之前，我們必須要在心靈的世界裡首先思考自己擁有財富的這個事實。

　　當一個年輕人決定成為一名醫生，那麼他就要盡可能讓自己置身於醫學方面的氛圍。他就要盡可能的談論醫學，閱讀與醫學相關的著作，研究醫學作品，整天思考著與醫學相關的問題，直到他的心智世界裡全部充溢著與醫學相關的問題。要是這個年輕人決定以後不做醫生，而是想辦法成為一名律師，那麼他就要讓自己置身於一個法律的環境下，每天

閱讀與法律相關的文章，談論法律，思考著法律。因此，如果你想要獲得成功，過上富足的生活，那麼你就必須要時刻思考著成功，那麼你就要時刻思考著富足的生活。

你要下定決心，將逆境或是貧窮帶給你的不良影響統統趕走。你要時刻肯定自己能夠掌控環境的能量。你要相信自己是可以控制自己所處的環境，你是自己的主人，你也是環境的主人，而絕非自身所處環境的奴隸。

你要下定決心，集中自己所有的能量去做事情。原因很簡單，每個人在這個世界上都有好多的事情要做，你要與別人分享許多事情，同時不能對別人帶來任何傷害或是阻擋著別人前進的步伐。你天生就該培養屬於自己的獨特競爭力，過上富足的生活。這是屬於你與生俱來的權利，也是造物主在創造人類的時候就已經賜給每個人。從現在這一刻開始，你應該明白這個最深邃的道理。你天生就該獲得成功的，天生就該獲得幸福的。因此，你要下定決心去實現自己的神性目標。

當你下定決心，選擇徹底的擺脫貧窮的心態，決定再也不會與貧窮沾上半點關係的時候，那麼你就要從你的衣服、個人形象、行為舉止、說話方式、你的家庭布置等方面展現出自己的想法。你要向這個世界展現出自己的真正想法，你再也不會像一個失敗者那樣的去生活了，向所有人表明，你

要成為不斷追求美好事情的人 —— 擁有屬於自己的競爭力以及獨立自主 —— 並且深信一點，那就是這個地球發生的任何事情都不能動搖你的決心，你將會驚訝的發現，自己會得到一種強大的能量，極大的增強你的自信與自尊。

選擇遠離陰暗的想法，下定決心讓自己再也不會與失敗存在著任何關聯的行為，這將會讓你自己最好的一面釋放出來，讓你能夠按照自己的本意去將事情做好。你將會向世人展現出最好的自己，你將會早早起來刷牙、洗臉，注重自己的外在形象，你將會以樂觀的心態看待事情，而不是像之前那樣總是以悲觀的心態對待事情 —— 你將會始終抬起頭觀察這個世界，而不是像之前那樣以一副卑躬屈膝的方式去看待這個世界 —— 這將會讓你的心靈世界裡升騰起一股全新的光芒。希望將會取代之前的絕望，你將會感受到這種全新力量所帶來的震撼與激動，這樣一股全新的能量將會在你的血管裡流淌。

在我們這個國家裡，成千上萬人都是透過改變自身的思想，窺探到了這一偉大的原則，即我們往往能夠實現自己時刻在腦海裡所思考的事情，並且能夠透過努力去加以實現，從而擺脫了之前那種貧窮的生活狀態。

第三章

富足的法則

「正是心智才會讓身體變得富足起來。」

—— 莎士比亞（Shakespeare）

潛入人類大腦的一個最可怕的思想就是，這個世界上並沒有足夠的資源分給每個人，而地球上絕大多數人都必須要過上貧窮的生活，從而讓少部分人能夠過上富裕的生活。

「我們這裡談論富足。」最近，我走進一間公司位於紐約的辦公室，看到了這句讓我震撼不已的話。

我對自己說：「這些人之所以能夠生意興隆、財源廣進，就是因為他們時刻期望著財富的到來，他們並沒有去思考貧窮或是承認自己的確缺乏著什麼東西。」

真正讓理想成為現實的方法，就是要讓自己的思想牢牢的堅持原先的目標。展現富足的方法就是要時刻在心智的世界裡保持富足的想法。你要經常對自己說：「我的天父所擁有的一切都是屬於我的。」、「上帝就是我的牧羊人，因此，我絕對不會過上貧窮的生活。」如果這些都是真實的話，（其實，你打從心底知道這肯定是真實的），那麼你將會明白，你的生命中出現的任何匱乏或是貧窮都是一種不正常的狀態。

富足的法則有一個最基本的原則，那就是我們與宇宙的創造性能量存在著一種不可分割的連結。當我們充分意識到了這樣的連結，就絕對不會讓自己置身於匱乏的境地。其實，真正讓我們感到孤立無助的是，我們與造物主的這一偉

大的原則之間的連結斷裂了。

　　但是，只要我們透過認為自己是宇宙中一個分離的、無足輕重、毫不相關的原子的想法去限制自己的話，那麼整個宇宙的偉大資源以及創造性的能量都將會離我們遠去。而被人們稱為「幸運」或是「有財運」的人，其實就是少數能夠明白這個道理的。現在，我們將要明白，宇宙所賜予的這種無限的資源是屬於我們每個人與生俱來的權利。

　　只有少數人才配擁有這些物質，多數人都只能過上貧窮的生活的想法是哪裡產生的呢？這樣的想法可以追溯到一種悲觀的假定，那就是地球上的每個人都不可能過上富裕或是成功的生活。他們這樣的假設是建立在一種對思想進行自我限制的基礎之上的，他們認為每個人都想要最大限度的追求自己想要的東西，但是地球上卻沒有那麼多的資源滿足所有人。因此，少數人必然會進行絕望的爭鬥，滿懷自私心去追求自己想要的一切。而那些最精明、頭腦最冷靜的人，以及那些最具有持久能量或是能力最強的人，將會從中得到最多。這一理論對每個個體以及人類的進步都會造成致命的傷害。

　　造物主讓眾多的人類來到這個世界上，絕對不是要將人類的資源限制到一定的限度，似乎上帝根本就沒有準備好向每個人提供充足的資源。在這個世界上，並不存在著只有極少數能夠擁有，而絕大多數人不能擁有的東西，因為這是對

全能的上帝的一種褻瀆，是根本不能成立的想法。

　　就以我們每個人都需要的東西 ── 食物 ── 舉例吧。即使是在美國，我們都尚未完全將食物供應的潛能全部挖掘出來。

　　德州所提供的食物足夠滿足生活在美國這個國家的每個孩子、每個家庭以及每個男女的生活需求。至於穿衣方面，這個國家也有足夠的紫色或是其他顏色的布料，讓每個人都有好看的衣服穿。我們甚至還沒有將製衣行業的潛能完全挖掘出來呢！相同的情況同樣適用於其他方面。到目前為止，我們也還只是處於富足生活的外在表面而已，即使是當我們處於這樣的階段時，就已經足夠地球上每個人吃飽肚子了。

　　當新貝德福德港口以及其他港口的捕鯨船沒有出港，慢慢生鏽的時候，這是因為鯨魚就快要被人類捕殺乾淨了。美國人開始驚恐的發現，我們以後都有可能置身於黑暗的世界裡。此時，石油的發現救了人類一命，將人類從黑暗的深淵裡拉了出來。當人類開始懷疑這種資源是否能夠持續很久的時候，科學發展又讓我們擁有了電燈。

　　像牛頓這樣的偉大科學家，也仍然覺得我們不過是無窮無盡的資源海岸邊玩沙子的孩子而已。找尋能量、熱量以及光的探索，讓我們學會了利用煤炭。關於人類不斷追求，不斷探索能量以及資源的例子實在是太多太多了。

相同的情形也適用於食物方面。世界上最權威的農業學家也表示，當人類充分發揮大腦去分析利用土壤的成分時，才能將潛能發揮出來，而他們現在所掌握的一切知識都是極少的。教育與知識能夠讓我們在幾畝的農田裡，培育出比之前上百畝土地種植出來的穀物還要多。現在，我們的農業技術水準依然處於非常低等的狀態。我們幾乎對如何將空氣中的氮元素汲取，然後將其融入到土壤當中的方法一無所知。無論我們要往哪一個方向前進，科學技術的發展都會以相應的程度去幫助我們利用已有的資源，讓我們根本看不到資源的極限。

　　地球上所具備的建築材料是難以計數的，能夠讓每個人都建造出比范德比爾特（Vanderbilt）或是羅斯柴爾德（Rothschild）更加豪華更加寬敞的建築。在造物者看來，我們每個人都應該過上富足與幸福的生活。我們都應該享有許多豐盛的資源，滿足心靈的渴盼。我們都應該在現實生活中感受到這種豐富的資源，讓我們能夠過上自己心目中想要的生活。我們這樣的一種能量其實是上帝賜給我們每個人的，目的就是讓我們每個人盡最大限度去挖掘自身的潛能，更好的改造自然。

　　當上帝的子民像一群被狼群圍住的羊群那樣生活的時候，這肯定是出現某些問題。當我們繼承了造物主無限的財富與資源時，卻始終擔心著自己每天的生計問題，這其中肯定是出現了某些問題。當我們每天因為恐懼或是焦慮不安而

不敢前進，這肯定是出現了什麼問題。當我們始終無法保持內心的平靜，當我們每天都要與匱乏貧窮的生活進行爭鬥，這其中肯定是出現了什麼問題。當人們時刻不停的為生活而感到焦慮不安，不知道該何去何從的時候，這肯定是出現了什麼問題。

　　我們天生就該過上幸福的生活，充分的表達我們的愛意與喜悅，過上富足的生活。我們之所以會遇到這麼多的煩惱，就是因為我們不相信全能的上帝所具有的能量，而是將自身與上帝之間交流的紐帶給切斷了，從而阻擋著我們無法感受全能的上帝所賜給我們的力量。換言之，我們並沒有遵循吸引法則的規定。我們總是不斷的對自身的心智進行自我限制，讓我們的信念變得那麼渺小，最終切斷了我們與上帝之間神性交流的通道。富足的法則其實與嚴格意義上的數學法則是完全一樣的，都是必須要嚴格遵照的。如果我們遵守了這樣的吸引法則，那麼我們就能感受到上帝賜給我們的一切。如果我們人為的切斷了與上帝之間的連結，那麼我們就會感到貧窮與匱乏。其實，很多問題並不在於我們是否能夠獲得資源，而是在於我們是否想到在這個世界上，其實始終都有豐富的資源等待著每一個人。

　　絕大多數人都依然認同人與人競爭激烈會讓許多人無法過上富足生活這樣的觀點。但是，我們卻將競爭視為經商的一種

必要條件，正如這句話所說的：「競爭是商業貿易的靈魂。」

　　要是我們能夠意識並且感覺到我們與全能上帝之間存在的緊密關聯，那麼我們就絕對不會過上貧窮匱乏的生活。

　　正是因為與全能上帝之間的關係出現了脫節，這才會讓我們感到恐懼，正如孩子要是遠離了自己的父母，他們的內心也會充滿了恐懼。

　　當我們明白了這種分離情感產生的原因之後，明白了正是錯誤的思想、自身所犯的過錯才是讓我們與上帝之間的關係出現斷裂的時候，那麼我們就將知道如何再一次與全能的上帝之間進行連結。

　　當我們感覺到自己與全能的上帝之間出現了一種同一性，那麼我們是不會感到恐懼的，我們也不會出現匱乏的，因為我們始終都能夠感受到上帝帶給我們的許多資源，這就是過上富足生活的重要基礎。

　　上帝在人類身上所呈現出來的影子是絕對不可能反映出失敗或是貧窮的。人類的神性畫面能夠反映出富足、富有，這些美好神性的東西是絕對不會從人類身上消失的。當我們明白了這樣的道理之後，就會明白富足的生活是不會遠離我們的。

　　很多人都像是生活在廣袤無垠的撒哈拉大沙漠裡，認為只能偶爾看到一、兩棵綠色的樹木或是美麗的花朵，只有在找到之後才能感受到一點陰涼。這些被我們偶然看到的綠

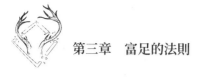

洲，只能為我們帶來一點點鼓勵——對一些人來說，即使是在這樣惡劣的環境下，他們依然沒有選擇放棄。

很多人之所以無法獲得較大的成功，就是因為通向他們心智世界裡的每一條道路都被自我懷疑、憂慮與恐懼所堵塞了。因此，他們也同樣關閉了一切通向富足的道路。對那些心胸狹隘、自我懷疑以及態度悲觀的人，成功是不可能降臨在他們身上的。

富足是人類創造性心智的呈現。那些內心恐懼，自我懷疑以及貶低自身能力的人，其實就是在培養一種消極以及缺乏創造性的思維。當我們擁有了這樣的心靈想法，這必然會對富足產生一種抗拒，讓我們無法得到更加充裕的資源。當我們選擇這樣做的時候，這其實與富足的法則沒有任何關係，真正將富足的生活趕走的人，正是我們自己。

當然，人們是絕對不會想著趕走機會、富足或是財富的，但是他們卻始終懷著一種自我懷疑、恐懼以及沒自信的心靈態度，這的確會對他們的行為產生嚴重的負面影響，而這些影響卻是他們都始終沒有察覺到的。

哦！我們內心的自我懷疑會恐懼，讓我們成為了傀儡。

當一個人的心靈態度遠離了富足或是財富之後，那麼無論這個人的心智力量或是智慧多麼強大，他都是無法去獲得這些東西的。

我們之所以過著狹隘、自我限制的生活，是因為我們未能讓自己與全能的上帝相連起來。我們所面臨的一切限制都是源於我們自身的心智。上帝賜給人類的無限資源都在等待著我們。我們之所以無法獲取更多資源，就是因為我們本來想要的就不多，因為我們擔心過度消耗自己的才華 —— 但是我們所具有的才華是我們與生俱來的。在這個物質豐富的世界裡，我們之所以讓自己挨餓，就是因為我們懷抱著自我限制的思想。富足的生活會讓我們的人生變得更加圓滿，但是我們的無知卻會讓我們的人生變得更加黯淡無光。因此，富足的人生其實早就已經站在我們的門口了，但是我們卻始終未能將這扇門打開，讓財富的湧流進入。這實在是一件讓人痛心疾首的事情啊！

　　我們每個人天生都不該成為傀儡，我們每個人都不應該限制自身的才華與能力，貶低自己所具有的能力。還有一些人認為，只有富人才能夠具有許多優勢，因為他們具有更多的能力，只有那些天生受到命運青睞的人才能夠出人頭地，而像他們這些能力平平的人則只能過著貧窮匱乏的生活，一輩子都是是無法出頭的。

　　當人們讓自己與富足的法則處於和諧統一的時候，那麼他們就能收穫財富。而那些不懂得如何去做的人，往往都賺不到足夠的金錢去維持自己的生計。

感覺自我的富足，這對我們意味著一切。我認識一位女士，她就是一個看重自己的人。她對人生的思想以及人生的意義都有著深刻的理解，因此與她交流是非常受益的。當與她交流時，你就能感覺到她不是一個普通人。她平時經常履行的一個職責就是提升自己的自尊心與氣質。當她面對許多事情的時候，始終都不會產生憂慮或是煩惱的想法。她喜歡每一個人，而大家也都非常喜歡她。她不會對任何人心存怨恨，因為她的本性就是非常陽光的。她的人生並不缺乏什麼，因為她始終相信，上帝會賜給每一個人足夠多的物質財富，而人類就要做的就是去接受這樣的財富。她是一位身心富足的人。與這樣的人往來會讓我們感覺到自己都會變得富足起來。

另一方面，我們都知道一些人，無論他們擁有多少金錢，卻從來都不會談論什麼富足，從來不會談論任何與富足或是美好相關的事情，因為他們是吝嗇之人，不願意幫助別人，也不願意給予別人一絲的關懷。貪婪與自私已經完全占據了他們的靈魂，讓他們的心靈就像一個被榨乾了果汁的柳丁。

在我們過上富足的生活之前，就必須要在想像中有過這樣的畫面。要是我們始終保持著貧窮的思想、匱乏的思想，那麼我們將永遠都無法展現出富足的思想。如果我們想要過上富足的生活，就必須要牢牢抓住富足的思想。

當我們意識到這樣一個事實，即我們並不需要從身外的地方去找尋我們所需要的東西，因為真正能夠滿足我們渴望的神性清泉，就在於我們的心靈深處。之後，我們就不會感到任何貧窮與匱乏，因為我們知道自己只需要深挖自身的潛能，才能與全能的上帝接觸。我們所遇到的問題就在於，我們沒有遵守富足的法則，沒有按照創造性的要求去做事情，沒有去滿足全能上帝所提出來的要求。　　　據　說，我們這個時代的一位成功人士表示自己根本無法看到貧窮。他的心智早已經被富足的思想所填滿。無論他到任何地方，都能看到富足存在的地方，並且堅定的相信富足的法則是可以輕易的進行證明的。他的內心沒有一絲的自我懷疑，絕對不允許錯誤的思想抵消他所付出的努力。

總而言之，我們只能從生活中得到我們為之專注了許多的東西。我們所做的行為，我們所處的環境，我們所占據的地位，我們所處的環境，這些都是我們保持專注力的一種結果。如果我們專注於貧窮的話，那麼我們就會限制富足湧流的湧動。如果我們所懷抱的思想是毫無意義的話，並且深信這個世界上最美好的東西都是不屬於我們的話，那麼我們當然無法得到自己想要的東西，因為我們最終所能得到的，也不過是我們之前一心所想的東西。另一方面，要是我們能將自身的思想專注於富足與財富的話，要是我們相信這個世界

上最美好的東西都是為我們而創造出來的話，明白我們就是
上帝的子女，擁有健康的身體，過上幸福與美滿的生活是我
們與生俱來的權利的話，而我們要做的就是盡最大的努力去
爭取這些東西，那麼我們就會漸漸將內心的想法變成現實，
現實的環境也會根據我們的心靈所專注的東西去發生改變。
所謂萬物由心生，其實就是這樣的道理。

　　我認識一些人，他們總是希望能夠過上幸福快樂的生
活，但是他們的心智卻始終專注於孤獨、沒有朋友以及感嘆
自身運氣不佳等思想之上。他們始終都在為自己無法得到這
個世界的美好事物而發出無限的感嘆。他們習慣性的思考傾
向是不可能讓他們得到自身想要的東西。他們的內心在盼望
著得到一些東西，卻始終在期望與盤算著其他的事情會發生。

　　學會如何與全能的上帝產生連結，始終讓自己與上帝保
持這種緊密的接觸，這是非常好的一件事情。我們當中許多
人都是將自己局限在貧窮的思想世界裡。這就有點像是一隻
被困在牢籠裡的老鷹試圖擺脫束縛，但在經歷了多次掙扎失
敗之後卻選擇了放棄。

　　一些人的本性裡，天生就充溢這許多關於富有、高尚與
美好的東西。還有一些人似乎有一種天生的創造性能力，能
夠非常自然的將這些能力發揮出來。對他們來說，進行創造
與呼吸來說是沒有什麼區別的。這些人並不會因為自我懷

疑、恐懼、羞澀或是缺乏對自身的信念而阻擋自己前進的步伐。他們從來都不會懷疑上帝是否賜給了他們足夠多的能力，讓他們能夠去做與自身能力相配的事情。正是這樣一種富足且具有創造性的想法，帶給了他們無限的創造性能量。

當我們對富足的法則有著強烈的信念，在花費最後一分錢的時候依然能夠從容自信，似乎自己已經擁有了許多許多錢，那麼我們就接觸了上帝神性的法則。

「慈善能讓人自然變得富足，而貪婪則會讓人自然變得貧窮。」

富足的源流不會流向那些心胸狹隘、自我懷疑的人身上。我們必須要有寬厚仁慈、開放的心靈，才能去接納上帝賜給我們的美好的東西。一種泉源會創造出另一種泉源。我們身上所展現出來的一些狹隘心靈或是自卑之心，都是很難阻斷我們與上帝賜給我們的富足、慷慨的東西相比的。換言之，我們的心靈態度決定了我們所要面對的源流。

你要努力的訓練自己，讓自己擺脫那種自我局限的思維，讓自己遠離匱乏、不足的境地。當我們努力思考富足的未來，抵抗所有加在自己身上的局限時，那麼我們就能極大的拓展自己所處的境地，能夠更好的感受到上帝賜給我們的美好東西。

當人們充分意識到上帝是永遠都不會停止滿足我們的訴

求，必然會讓我們過上富足的生活，明白上帝賜給我們的富足泉源是永遠都不會斷流的。因此，我們這些作為上帝的子民，必然是這一永遠不絕的源流的一部分，明白他們將不會對貧窮有更加深入的了解，不會缺乏任何的東西。

　　上帝的兒女們天生都要過上輝煌與美好的生活。人們終將理解到，所有的人都應該成為自己的國王與女王。當一個人更加高階的大腦活動戰勝了他的較低大腦活動，並且將大腦中那些野蠻的成分全部驅趕之後，那麼這個世界上將沒有了貧窮、沒有了奴役，反之亦然。人們終將理解到，今天走在地球上以最可悲面目示人的人類，將會成為地球上最高等的生物。要是所有人最終都沒有找到自己的夢想，在面對上帝時沒有成為自己想要成為的人，那麼造物者的計畫就算是失敗了。

第四章
在睡眠過程中鍛造品格與獲得健康

無論你在白天的生活中感到多麼的不順利或是內心多麼煩躁，但你在你睡覺之前，切記要平復自己的心靈狀態，讓你的身心處於一種冷靜與平穩的狀態，保持神智的清醒。

　　生理學家告訴我們，人們即使是在休息的時候，心智依然處於一種活躍的狀態，這樣的情況在我們睡覺的時候就顯得尤為明顯。當我們準備休息的時候，此時此刻的心靈狀態就會變得尤為重要，因為這樣的思想占據著我們的心靈，並且在我們的大腦陷入到一種無意識的狀態時，依然處於一種控制的狀態。

　　有些人說，其實皺紋以及其他一些展現年齡的痕跡，既是在我們清醒時候的一些行為所導致的，又是與我們在睡眠時內心的想法是息息相關的。這充分說明了一點，那就是我們在入睡的時候，內心的想法對我們的身體所產生的極大影響。

　　很多人都是在他們睡眠的過程中，依然讓自己處於一種煩惱或是想不開的狀態，導致他們在人生最美好的時候無法將自身的潛能完全釋放出來，這是相當可悲的一件事。因為他們往往將白天的事情所具有的一些不良的心靈影響延續到了晚上，而這對於他們的內心顯然會產生消極的影響。

　　許多的商人與專業人士在白天的時候都是非常忙碌的，過著相當緊張且脫離自然的生活，這導致他們在休息的時候

依然無法停止去思考關於工作方面的事情，這往往會導致他們的身心處於一種極度疲憊的狀態。這些人都過度專注於他們所要面臨的問題，根本不懂得如何去休息。因此，他們往往就是躺在床上，希望這樣做能夠幫助他們擺脫所有的煩惱與困境。他們就像是一隻疲憊的駱駝，在身上背負著重物的時候，躺在了茫茫的沙漠上。

這導致了嚴重的後果：這些人沒有從休息裡得到了休整，獲得了繼續上路的動力，相反，他們在早上起來的時候感到疲憊不堪，顯得要比他們睡覺之前更加蒼老。事實上，他們應該在醒來之後感到精力充沛，變得更加強壯，更有能力面對今天所要解答的一系列重要的問題。

其實，這些人之所以會面臨這樣的結果，就是因為他們在睡覺的時候，根本就沒有擺脫內心的種種不良的傾向，他們放任那些腐蝕人心的不良思想消耗他們的精力，這些思想會持續到晚上，將他們在白天所獲得的一些成就都抵消掉了。他們將寶貴的睡眠時間都用於思考一些根本毫無用處的事情上，白白的浪費了人生許多寶貴的時光。種種的證據都已經顯示，我們需要利用睡眠的時間去好好的振作自己的精神，讓自己重新恢復到最佳的狀態，這才是我們應該去做的，也是我們應該去努力思考的。因此，我們絕對不能忽視在睡眠時讓內心擁有正確思想的重要性。

更為重要的是，在如何更好的休息這個問題上，我們不僅需要讓身體做好準備，而且還需要讓心靈做好準備。心靈層面上的自我修養要比身體上的準備更加重要。

　　你首先要做的第一件事就是，擺脫你在白天工作時期所感受到的種種煩惱與不安，擺脫所有的焦慮與不滿 —— 好好的清除一番心靈的世界 —— 將一切卑微、讓你變得狹小的東西都統統趕出心靈的世界，在晚上睡覺的時候將樂觀與美好的心靈圖像呈現出來，讓自己努力去做上一個好夢。

　　無論在任何環境下，永遠都不能允許自己在內心沮喪、絕望或是不安的情況下入睡。在你睡覺之前，絕對不能讓自己的臉上皺著眉頭，絕對不能有對自己任何懷疑的話語出現。你要學會將你心靈中所有的煩惱與不安都趕出心靈的世界。你要學會將所有的嫉妒心理以及影響內心平和的東西都趕出心理的世界。在你入睡之前，絕對不能讓具有批判性、嫉妒的思想進入到你的心靈。你要始終明白一個道理，那就是你有怎樣的思想，你就會成為怎樣的人。在你入睡之前懷抱著這些不良的思想，必然會在你的潛意識世界裡留下痕跡。最糟糕的是，這些都是你根本沒有意識到的。當你在第二天醒來的時候，這些潛意識已經深深的烙下了痕跡，直接影響著你的言行。

　　當我們遭受著別人嚴重的挑釁時，自己的內心感到很委

屈或是很不暢快，這已經是夠讓人感到難受的了。即使這樣，那你就更不能讓自己持續這樣氣惱的狀態，你不能讓自己入睡之前依然為這些工作上的事情感到煩惱與無力。你需要做的就是將這些煩惱的想法統統趕出心靈，讓自己的內心能夠平復到一種正常的狀態。你要記住，任何人任何事情都無法影響到你的心靈，除非你允許這些人或是這些事情對你產生這樣的影響，否則任何人都是無法做到的。因為，對於每個人來說，我們都是無法承受這樣的自尋煩惱所帶來的不良後果。這會讓你的身心精力遭受重大的創傷。我們都要明白，人生苦短，實在是太寶貴了，根本不值得我們將這些時間浪費在一些毫無意義的事情之上，我們不能一味的盯著一些事情不放，而應該想辦法去擺脫這些影響靈魂的事情。你要懂得如何去擺脫不良的思想，你要努力讓自己與這個世界處於一種和諧的狀態。你要學會如何在一天二十四個小時內讓自己的心靈處於一種正常與美好的狀態。因為，你根本無法承擔那些與幸福為敵的想法進入到你心靈之後所產生的影響。這會為你的心靈帶來越來越深重的不良影響，直到最後影響到你的品格，在你睡覺的時候就漸漸的進入你的心靈。你在每天晚上睡覺的時候，記住要讓自己的心靈變得就像是一張白紙一樣，不要讓任何不良的東西玷汙到你的心靈。

　　如果你在白天對待別人的時候總是那麼的衝動或是缺乏

禮貌，如果你對別人總是懷著一種報復或是嫉妒的心理，那麼你就要將所有這些不良的情感全部清除出去。你一定要遵守聖保羅所說的教導：「千萬不要讓太陽直接因為你的憤怒而砸在地球上。」

如果你不知道如何擺脫那些讓人不愉快或是不好的思想，那麼你就要強迫自己去閱讀一些勵志或是充滿正能量的書籍，去做一些能夠讓你臉上的皺紋變得越來越少的事情。這樣的行為會讓你明白生命中依然存在著更加美好的事情，這將會讓你為之前自己的一些行為感到慚愧與羞恥，讓你為自己狹隘的心胸與不仁慈的思想感到無地自容。

你要讓自己的心靈充滿著愉悅的記憶，填充著所有美妙的期望。你只需要將自己想像成自己長久以來一直想要成為的人，讓自己的心靈填充著幸福、富足與能量的感覺。你要始終堅持自己想要學習與追尋之人所具有的品格——你要努力讓自己成為一個心胸寬廣，仁慈善良與思想深邃的人，你要讓自己成為一個自己想要成為的人，你要努力成為心目中那個最可愛的自己。培養這種具有生命美感思想的人能夠在休息的時候依然思考著這樣的思想，而這樣的思想會在你休息的過程中不斷的複製，直到這些思想在你真實的生命中呈現出來。

在你多加訓練之後，你就會驚訝的發現自己能夠迅速做出重大的改變。你會發現自己整個人的身心狀態都與之前不

一樣了。從現在開始,你能夠以一種正確的方式去看待世界,在你入睡之前,你學會了如何讓自己擁有正確的心靈,如何擺脫不良思想的纏繞,知道了如何去讓自己的內心處於一種舒暢的狀態。

一位著名商人最近對我說,他說自己最大的一個弱點就是在休息的時候無法停下來認真休息,始終都會思考著與工作上相關的事情。這位商人白天的工作是非常忙碌的,在度過了高強度的工作時間之後,他的大腦就處於一種非常緊繃的狀態。但是,在他下班之後,大腦依然沒有放鬆下來的跡象。在他行將睡覺的時候,他依然在思考著與工作相關的事情。在他入睡之後,他的大腦所想的依然是工作。這樣的生活方式與睡眠方法讓他失去了許多生命活力,讓他睡醒之後感到比睡覺之前更加疲憊。在他第二天醒來之後,他覺得自己整個人的能量似乎都被掏空了。

我給他的建議就是,在他將辦公室大門關閉之後,一定要培養將所有工作想法都關閉的習慣。我對他說:「當你晚上下班的時候,你要學會轉變自己的思維,將所有關於工作上的想法都留在辦公室裡。正如你要學會轉換環境的想法一樣。當你晚上下班回來之後,你也要換一些休閒的衣服出來啊。這也是同樣的道理。你要學會將自己的思想轉向自己的妻子與孩子,學會與他們分享生活中一些興趣與愛好,你要

學會與他們交流，與他們一起玩耍。你要陪他們閱讀一些幽默或是有趣的故事，或是陪他們閱讀一些有趣且勵志的書籍，讓他們能夠感受一些積極向上的思想。這樣的做法都會讓你擺脫過往形成的固定工作模式。有空的話，你可以外出騎車或是散步，你可以讓外面清新的空氣填滿著自己的肺部，好好的觀察自然界的美好景色。或者說，你可以找尋一、兩個興趣愛好，讓自己在休閒的時間裡能夠有所依託，能夠幫助你擺脫工作上帶來的憂慮，重新找到生活的樂趣。記住，你要時刻成為自己心靈的主人，而不要讓自己成為心靈中隨意出現的想法的奴隸。你不能放任心靈的一些思想對你的控制，而要學會控制這些思想。

「在你的臥室裡的顯眼位置掛上一張寫有這樣字眼的條幅：這裡不能思考工作方面的事情。

在你晚上下班之後，不要去思考任何與工作相關的事情，你要好好的放鬆身體的每一寸肌肉，讓你的身心都從之前緊繃的狀態中解放出來。你要在短時間內做好入睡的準備，讓自己像一個小孩子那樣自然而安詳的睡覺，不要去想一些讓自己煩心的事情，你要像小孩子那樣在睡醒之後重新煥發起強大的活力。」

對於所有與這位商人面臨著相同問題的人，我要向你提出相同的建議。因為這樣的建議在這位商人身上已經得到了

充分的展現。

　　在休息的時候，懂得如何關閉一些心靈的途徑，知道如何從工作的頻道中解放出來，讓自己能夠與無限的上帝形成關聯，與這個世界形成一定的紐帶，這是一種重要的藝術。我們要學會將所有影響我們心靈世界的不良因素全部趕走，將所有的惡意、嫉妒或是影響我們內心平和的敵人全部都趕走。我們要學會成為自己心靈的主人，不要被自身的心靈所奴役。雖然我們說了許多關於這方面的內容，這可能會讓不少人產生這樣一種錯覺，那就是這樣的做法可能需要我們具有某種天賦的東西，但事實上，這一切都是可以透過練習與訓練去完成的。

　　對於每個人來說，無論是透過思考、閱讀或是與他人進行愉悅的社交活動，這些都能夠幫助我們克服一些不良的情緒，讓我們能夠克服所有不好的情感，讓我們學會如何消除臉上呈現出來的皺紋，讓我們躺在床上入睡之前能夠臉上帶著微笑。

　　當你以一種正確的心靈態度去入睡的時候，那麼你將會驚訝的發現，你的內心會感到多麼的平靜與安詳，你會在第二天睡醒之後感到多麼的精神煥發，感到內心是多麼的愉悅。在你第二天早上睡醒之後，你會發現自己以更好的狀態去迎接全新一天的到來，你的臉上會掛著甜美的笑容，不會

再為自己每天睡前的那種內心的憂慮而感到無盡的煩惱，你的內心也不會再有什麼狹隘或是不仁慈的想法。因為這些想法早已經從你的心靈世界裡消失了。這一切最重要的轉變就是，你學會了如何去控制自己的心靈，知道了如何在入睡前調整好自己的心態，知道該怎樣做才能讓自己從休息的過程中得到最大的好處。

　　在我們入睡之前，內心懷著一種奉獻的精神態度，這是非常具有價值的。因為這樣的心態往往會讓我們緊繃的情緒得到緩解，讓我們的心智能夠得到一種肯定，這有助於我們摧毀所有內心的恐懼、憂慮以及不安的思想，讓我們能夠與更加高尚與更加美好的思想處於同一頻道上。這樣的做法其實就是幫助我們更好的入睡，更好的修正我們的潛意識想法，讓我們能夠更好的與全能的上帝進行連結，讓自己的身心處於一種更好的狀態，更好的迎接每一天的挑戰。

　　當我們始終以一種堅持不懈的態度去面對睡眠這個問題的時候，努力讓自己獲得一種健康與愉悅的睡眠狀態，那麼這將會延長你的壽命與青春容貌。更為重要的是，這會對你的健康以及自身品格的打造產生極為深遠的影響。當你養成了將所有內心不和諧的想法、錯誤或是仇恨都趕出心靈世界的習慣之後，那麼你就再也不會因為一些陰鬱的想法而感到內心痛苦，你會選擇棄暗投明，轉向那些高尚且具有提升力

量的思想。這種思維層面上的轉變必然會徹底改變你的人生。

到目前為止，我們才剛剛開始意識到上帝在創造我們的時候所賜給我們的強大的能量。這樣一種強大的潛能在我們入睡的時候往往會顯露出來。因為在我們入睡的時候，客觀的世界以及許多影響我們的外部條件，都從我們的意識世界裡消失了，剩下的只是我們在入睡之前內心的想法。

我們很少會意識到一點，那就是我們在睡前的內心活動 —— 這些都是一種沒有指向的內在活動 —— 在睡眠過程中，這些內在的活動依然在我們的潛意識世界裡不斷活動，不斷對我們的心靈世界造成投射，為我們帶來重大的影響。

「我要在睡覺的過程中好好的思考這個問題」，這句話是我們經常會聽別人說到的，其實這句話就隱藏著一種哲理，那就是說，在我們睡覺的時候，許多內在的哲學思想會出現在我們的潛意識思維世界裡，而我們的潛意識思維是無法對這些思想去進行分辨的。雖然到目前為止，我們依然尚且沒有完全了解人類在睡眠過程中潛意識的運轉方式，但是我們都知道，潛意識會在我們的睡眠過程中為我們帶來極大的影響。當我們在第二天睡醒之後，往往會用一種不同的眼光去看待這個世界。也許，相比於前一天晚上而言，睡醒之後的我們要比之前更加充滿熱情，更有將事情做下去的決心。我們也會以更加清醒的頭腦發現，之前許多的行為其實都是錯

誤的，現在正是懸崖勒馬的時候了。我們之所以會產生這樣的想法，並不是因為我們有意識的察覺到這點，而是因為某些潛意識世界裡的思維通常能夠在我們入睡的時候幫助我們解答一些問題 —— 而在我們清醒的時候，在意識思維占據主導權的時候，這些問題往往會讓我們進入思考的誤區，無法走出。

偉大的數學家、科學家以及天文學家都往往會驚訝的發現，當他們在白天利用理性思維去解答一些問題的時候，往往都收效甚微，但在他們睡了一覺之後，往往就能找到解答問題的更好方法。

毋庸置疑，我們所接受的道德教育以及形成的品格，都會在白天的時候為我們帶來無意識的影響。因為在我們入睡的時候，這種教育以及品格形成的心理是基於這樣一個事實，那就是這些想法在我們睡覺的時候會經過我們的大腦，而這個過程往往是在晚上發生的。我們可以非常輕易的看到，要是我們能夠對這種神奇的潛意識思維能量進行控制的話，那麼這往往能夠為我們帶來正確的指引與幫助。

我認識一個人就是透過在晚上休息之前，不斷的給予自己積極的心靈暗示，始終讓自己的心靈擁抱著積極的心靈，直到這樣的想法進入到他的潛意識世界。不少人正是靠著這樣的做法，克服了暴躁的脾氣以及其他一些不良的特質。當他們始終都擁抱著健康與積極的想法時，始終都感受著年輕人

所具有的理想與精神時，這就會對他們的自我更新帶來強大的好處，這對於他們在未來的事業與工作上將會有極大的幫助。

如果那些天性比較憂鬱或是容易沮喪的人在入睡之前，能夠堅持讓自己的內心保持平靜的心態，不去想一些毫無用處的事情，不去想一些消極的念頭，而是用積極樂觀的想法去取代這些不好的思想，那麼他們就能在很短的時間內讓自己透過睡眠的方式去獲得全新的能量，徹底改變自己的事業與工作上的事情。

如果貧窮牢牢的將我們壓在身下，那麼我們在入睡之前就要不斷的進行自我肯定，告訴自己，造物主已經賜給了自己足夠多的寶庫，賜給了我們足夠多的生活必需品，這些都可以讓我們過上舒適自在的生活，而不需要擔心自己是否能夠享用到的這個問題。因此，我們不應該有意識的去思考著與此相反的問題，不能因為一些不良的想法而影響到自己的情緒。

關於修正孩子身上出現的一些問題最為顯著的結果，那是因為孩子身上本身就具有的一些神性的本性 —— 這就是孩子們身上更好的自我的展現 —— 孩子們能夠透過在睡覺前的自我心理暗示，從而找到自己更好的自我。

透過這樣的心理暗示，能夠有效的治療嬰兒或是孩子身上的一些疾病，這充分顯示了潛意識思維是能夠以一種潛移默化的方式進入到孩子們的大腦，對他們產生強大的影響。

如果一個孩子天性比較羞澀，害怕諸如鬼神、黑暗或是其他一些東西，那麼作為母親的就應該幫助他克服這樣的問題，其中的一種方式就是在孩子們入睡之前，去與孩子們談論這方面的問題，讓孩子能夠擁有正確的心態。接著，在孩子們入睡之後，他們的潛意識思維就會修正他們之前對這些事物的看法。如果孩子顯得比較軟弱、敏感或是容易生病，那麼作為母親的就該多點談論耶穌基督所帶來的治癒性力量，談論與健康相關的理想，談論和諧與健康。如果孩子們是比較靦腆的，那麼作為母親的就該多點談論為人要有自信以及要有勇氣等方面的問題。

　　向孩子們灌輸成功的概念的做法，應該在孩子們上學的時候就開始灌輸。當孩子在學業上遭受到挫折的時候，我們就該多多向他灌輸積極成功的想法，重新增強他的自信心與希望，幫助他更好的進行學習，以便能夠獲得更大的成績。

　　如果母親能夠在孩子們入睡之前與他們談論一些積極的話語，那麼她會發現自己對孩子們所說的話會對孩子產生更深遠的影響，因為母親這樣的話語會進入孩子們的潛意識世界。在這樣的狀態下，人類天生的頑固本性所具有的抵抗力是最小的，他們不會去做任何抵抗，就允許這樣的思想進入到孩子們的心靈世界。當孩子們睡醒之後，母親在他們睡前灌輸的思想就會變成他們意識世界裡的一部分，自然而然的

成為了他們人生需要遵守的法則的一部分。睿智的母親知道如何才能更好的與孩子們進行各種積極的交流，知道如何才能更好的向孩子們進行暗示 —— 幫助孩子們如何用積極良好的思想去替代不良消極的想法，知道如何用愛意去取代仇恨，知道如何用無私去取代自私的想法 —— 這樣的思想很快就會改變他們原先的一些想法。當我們向孩子們身上灌輸著生命所本應該具有的自信、希望、歡樂、勇氣、獨立自主以及純潔等特質的時候，那麼他們就能夠擁有更加高尚與更為美好的特質。母親可以透過這樣的方式去改變孩子們的個人性情。

所有的母親終將理解到，對孩子們進行積極正面的心理暗示是多麼的重要，明白這將會對孩子們的品格形成產生多大的影響。

一些人已經開始發現心靈暗示所具有的各種形式的影響力，但在這個即將到來的全新時代，誰都無法對積極的心靈暗示所具有的神奇改變品格以及人生的力量有任何層面上的懷疑。

如果那些之前從未有過這方面嘗試的人現在開始嘗試的話，那麼我敢肯定他們會驚訝的發現，在孩子們睡覺前向他們灌輸積極高尚的思想，會在很短的時間內帶給孩子們積極的變化 —— 因為在入睡前的這個狀態下，人的意識幾乎是接近潛意識的狀態，而人在這個時候所接受的教育則往往會進

入我們的潛意識思維世界裡。最後，這些在潛意識思維世界裡扎根的思想，往往會影響到我們做出的各種行為。

　　我敢肯定，那些嘗試過這個方法的人都將會從中找到樂趣與滿足感，因為這不僅幫助他們在睡前就已經將心靈世界裡的所有的憂慮與不安全部趕走了，而且還將他們所有的嫉妒心理都排除在外了。這樣做會讓他們將一切影響到他們心智成長的東西都全部趕走 —— 只要他們堅持自己的方法，就必然能夠獲得很好的效果。

　　當你入睡之前，你要確保自己的意識思維能夠幫助你成為一個真正意義上的男人，成為一個真正意義上的女人。當你失去了意識思維之後，你絕對不能讓自己的潛意識思維裡充斥著各種黑暗的思想，也不能留下任何的汙點，而是只能讓充滿希望的美麗畫面與善意存在於心間。你不能讓自己心懷著失敗的想法，也不能讓自己懷揣著不和諧的想法，而是應該心向一切美好、光明與充滿希望的事物。

第五章
透過正確的思想獲得健康

心靈的高尚能夠治癒我們的許多疾病。

——　卡特萊特（Catlett）

「上帝製造出來的作品從來都是不需要修補的。」

哈佛大學教授威廉‧詹姆士（William James）曾這樣說：「現在，我們只不過是見證著一個豐富多才多彩的時代，很多人都透過形上學的哲學或是其他精神方面的哲學等全新的思想，去治癒了他們的疾病。這些全新的思想是健康而且充滿樂觀主義精神的。這樣的能量，不論其大小，都必然會以各種形態進入到每個個體身上。這樣的能量不會像之前那樣讓我們感到煩惱與不安，而會讓他們將自身的能量專注起來，保持更好的心態，擁有更加健康的神態以及更富彈性的為人品格。我所認識的一個最具理性的人就是我的一位朋友，她現在正在飽受著乳癌這種疾病的折磨。我並不會假定她違背醫生的醫囑，是否是一種明智或是失去理智的做法，但是我在這裡舉出她這個例子，主要是為了說明一點，那就是人類的思想所能產生的作用。她對自己的想法讓她在數個月的時間裡，始終都保持著健康的狀態，若是她沒有懷揣著這樣的想法，那麼她必然早已經放棄了，乖乖躺在病床上了。她內心所持的一些想法能夠幫助她消除一些痛苦與軟弱的狀況，讓她能夠過上積極樂觀的生活，這通常是她身邊其他一些患上這種疾病的患者所無法感受到的。」

很少人能夠意識到，他們的健康在很大程度上取決於他們的思想狀況。你絕對不能對自己有著健康不佳的想法，不能有任何疾病的想法，因為這些想法必然會在你的身體上得到展現。正所謂你有怎樣的想法，你就會成為怎樣的人。當你對自己的身體抱著一種疾病的想法，即使你的身體原本是沒有病，那麼這也必然會讓你得病的。我們的這些思想必然會在我們的身體的某個部位上出現，而這種思想的嚴重程度則決定著我們最終所要面臨的結果 —— 我們是能擁有健康的身體還是不健康的身體，這在很大程度上取決於我們自身的思想。對一個人來說，要想保持絕對意義上的純粹是不可能的，因為每個人的思想世界裡總是會糅雜著一些雜質。同樣的道理，若是我們想要擁有健康的身體，那就不能讓自己抱有任何疾病的想法。因為當我們在思想層面上出現了一些問題，那麼身體也必然無法處於健康的狀況。因為我們的身心最終都必然要趨於一種統一的狀況。

　　健康的泉源若是遭到汙染，其實就是對思想的源頭進行的一種汙染。

　　人的不同身體器官似乎會對某些心靈影響產生某些特殊的影響。過度的自私、過分的覬覦、過度的嫉妒都會影響到我們的腎臟。仇恨與憤怒會對加重腎病的病情，還會嚴重影響到我們的肝臟與心臟器官。

如果我們的心靈世界裡充斥著恐懼、憂慮與不安的話，那麼心臟的活動很快就能反映出來。毋庸置疑，如果出現了諸如憂慮、不安或是嫉妒等不良的心靈狀況，那麼心臟也會據此受到影響。成千上萬的人都是死於與心臟相關的疾病，而這些心臟疾病往往又是由內心的煩惱與身心的不和諧所造成的。

倫敦《柳葉刀》雜誌（The Lancet）的史諾醫生就認為，絕大多數的癌症患者，特別是乳癌與子宮頸癌患者，很多時候都是因為心靈的不安與焦慮所造成的。根據齊爾頓醫生在《英國醫學期刊》（*British Medical Journal*）上發表的文章，黃疸病就是因為焦慮不安造成的。

不和諧的思想同樣影響著我們的肝臟。黃疸病通常都是在我們遭受了重大的心靈衝擊之後才產生的，特別是在長時間的憤怒情感之後出現的。

眾所周知，很多人都是因為長時間的沮喪與壓抑之後，才變得非常暴躁。

默奇森教授是這方面的權威人士，他就曾說：「我驚訝的發現，很多患有肝臟疾病的病人都可以將其病情的根源追溯到悲傷或是不安的情感上。這樣的例子實在是太多了，我們根本就不能將其稱之為一種偶然。」

情感的變化會對皮膚的功能產生嚴重的影響。

理查森爵士（Sir Richardson）在他的著作裡這樣說道：

「過度的情感波動會導致皮膚的毛孔變粗。在這種情況下，癌症、癲癇或是狂躁症都是因為心理的原因造成的。這些疾病出現之前都會出現一些預兆。這是非常重要的一點。」他接著說，「人類對於因為心靈狀況而導致的疾病的研究是多麼的少啊！」

要是我們始終都思考著疾病，始終想著我們自身的不完美，想著身心的不和諧，那麼我們是永遠都無法得到健康，無法達到完美與和諧的境地。

在我們的心靈上的世界裡，我們應該始終對健康與和諧的想法保持一致很高的期望。我們應該抵抗每一個不和諧的想法，將所有影響和諧思想的敵人全部趕走，就像我們趕走所有誘惑我們去犯罪的動機。絕對不要肯定或是重複一些你認為不切合自身情況的想法。千萬不要沉浸於自身疾病的想法當中，也不要時刻惦記著你的症狀。醫生們告訴我們說，要是我們始終對自身的病情過分敏感，那麼我們是根本不可能恢復健康的。那些始終惦記著自己病情的人是很難做到最好的。因此，我們要懂得如何去權衡自己，不要時刻記掛著我們身上出現的一些症狀，不要對自身的一些想法太過於敏感。

不少圖書管理員都表示，越來越多的讀者都想要去閱讀醫學方面的書籍。很多讀者認為自己患上了某種特殊的疾病，接著他們就會對此產生一些病態的好奇心，或是想要閱

讀與這些症狀相關的書籍。當他們找到了這方面的內容——事實上，他們往往都能找到這樣的內容——就會發現，書中描述的一些症狀往往與他們自己感覺到的症狀是吻合的，那麼自己的確患病的念頭就會深深在他們的腦海裡扎根，最終讓他們真的患上這樣的疾病。他們內心所持的這些想法往往是阻礙他們無法治癒疾病的最大障礙。

那些想像力豐富的神經緊張症的人，很少能夠以一種完全理智與健康的方式去看待生活。他們的心靈很容易趨向一種病態的思想，總是喜歡小題大做。哪怕是他們身上出現了一點點小病痛或是小麻煩，都會被他們誇張成某種疾病的症狀或是某些更為嚴重的疾病。

這些人往往會深受一些遺傳性的想法影響。如果他們有著不幸的家族歷史，如果他們的祖先是死於肺病、癌症或是其他可怕的疾病，那麼這樣的想法很可能就會在他們的內心深處扎根，讓他們覺得自己遲早都會患上這樣的疾病。這樣的想法嚴重影響著他們的身體健康狀況，也會嚴重影響到他們工作的效率。

要是我們在人生的旅程中始終要面對著這樣夢魘般的畫面，這將是多麼可怕的一件事情啊！要是我們的心靈始終都與惡魔為伍，始終都思考著一些可怕的事情，這將會嚴重摧毀我們自身的能量，讓我們時刻感受著死亡的陰影。要是我們始終

認為自己的壽命不是很長，始終覺得有某種東西在消耗著我們的生命，那麼我們就可能在任何時候都面臨這樣的情況！

試想一下吧，若是一個人讀完大學，接受了專業教育，掌握了某種技能之後，卻始終被某種家族性遺傳病的陰影所困擾的情景吧。這樣的心態會嚴重影響到他人生能量的釋放，這種心靈層面上的壓力，足以扼殺掉一個擁有像拿破崙那樣能力的人的雄心壯志。

我認識不少身體欠佳的人，他們都是習慣性的讓自己的心靈懷抱著不和諧的思想。他們始終都在思考與談論著自己的疾病症狀。他們會大聲談論著自己的病情，認真的觀察著這些病情，直到他們真的得償所願 —— 因為你有怎樣的想法，你就會變成怎樣的人。倘若我們扭轉自己的一些想法，去思考健康的想法，而不是疾病的想法，讓自己的心靈世界始終堅持著健康的畫面，而不是疾病的畫面，那麼這將能夠在沒有藥物的情況下就能治好很多病人。健康的思想是這個世界上萬能的藥物。

很多人不僅因為自身所持的思想而嚴重影響自己的工作效率，而且還讓自己的身心處於一種疾病的狀態，他們身上潛藏的能量始終無法真正釋放出來。造成這樣局面的重要原因，就是這些人經常受到這一類話語的暗示：哦，我今天感覺不是很好。或是我今天感覺很糟糕，或是我感覺自己今天

很脆弱，抑或是我今天所吃的食物不是很新鮮，我昨晚睡得不是很好，因此我知道自己今天的狀態不是很好。

如果你始終對自己說：「我覺得自己很悲慘、軟弱或是無力」、「我一直都是處於效率低下的狀態。」那麼你又怎能期望自己能夠過上健康幸福的生活呢？你有怎樣的想法，你就會成為怎樣的人。

如果你始終專注於自己的弱點，因為自己的健康不佳而可憐自己，那麼健康的身體與旺盛的精力都是不會出現在你身上的。健康意味著你要擁有健康的心靈。健康代表著一種健全與圓滿。如果你想要談論其他事情的話，那麼你也將會得到這些東西。你有怎樣的想法，那麼你就會變成怎樣的人。

想像一下你成為了一名辯護律師，正在為自己的健康問題找尋各種問題，你就可以找到各種你想要找尋的證據。千萬不要向你的對手屈服。你要勇敢的進行申辯，直到你最後能夠讓自己的身體「無罪釋放」。

你將會驚訝的發現，你的身體會對這樣的心靈懇求做出回應。這種自我肯定與健康的心靈想法會帶給你許多積極的幫助。

我知道這樣一個例子，大致是說一位醫生在經過一間病房的時候，無意中對一位護士說：「這個病人活不了多久了。」但是，這位醫生說話的聲音還是讓那位年輕的病人聽到了。

這位病人知道心靈的能量對於疾病的恢復所產生的重大影響。於是，他大聲對這位醫生說：「我一定會好好活下去的。」最後，他康復出院了。

其實，在很多時候，我們都沒有意識到自己是透過怎樣的方式去弱化自身的能量，摧毀我們抵抗疾病的決心與能量的。這個過程中最大的障礙就是我們的心靈世界裡始終懷抱著那些不良的念想，就是覺得這些疾病是必然會存在的，認為我們根本無力對抗這樣的情況。

如果我們能夠讓心智始終處於一種健康與健全的狀態，始終保持著一種健康的理想，認為我們有足夠的力量去感知這樣的能量，而不是去思考那些不良的想法，那麼我們就能不斷的去追求完美，實現自我的圓滿。如果我們能夠記住上帝的本心就是要讓人類成為一個完美的人，而並不是讓人類不斷去違背上帝的旨意，去過上那一種違背自然規律的事情，過著放蕩的生活，或是始終違背生命的規律的事情。如果我們能夠將個人能量的理想完全實現的話，將我們與生俱來的能力全部呈現出來，那麼我們將不會讓那些不良的思想在心間裡扎根，那些不良、欺騙性的思想將會在我們的腦海世界裡沒有任何存在的餘地。

如果我們能夠在心中記得，耶穌基督始終在庇護著我們，那麼我們就沒有什麼好怕的。若是我們心中始終都有耶穌基督

的存在，那麼任何不純潔的思想或是罪惡的念想都不會在我們的心靈深處裡扎根。人們終將理解到，正確的思想對所有人類來說都將是預防疾病的最重要的藥物。當生理上出現的不良症狀，這其實是顯示某人在思想上出現了問題。洪堡（Humboldt）曾說：「人們終將了解到，人類處於軟弱的狀態是一種恥辱的行為。世人終將會將軟弱的身心狀態視為一種身心失常的行為，知道這是一些不良思考所帶來的結果。」

我相信，人們終將了解疾病的思想是不可能存在於那些心靈純潔的人身上的，因為純潔的思想本身就是具有一種治癒性的作用。比方說，我們曾將消化不良視為是腸胃功能出現紊亂所導致的一種結果，現在，我們知道了這其實是因為不和諧的思想所導致的。這是憂慮與不安心靈狀態所導致的，也是嫉妒與悔恨之心所帶來的。

人們終將理解到，貪婪以及各種形式的自私都將會被視為一種疾病，我們會為這些不良的思想付出沉重的代價。人們很少會意識到，自私的思想與行為會對人的身體帶來多大的傷害。

我們絕對不能去思考不健康狀態下的自己，我們絕對不能懷抱著疾病的想法，我們不能懷抱著這樣一種信念，那就是疾病始終潛伏在我們的身體裡面，隨時會在某個時刻爆發的。很多人都還在持著這樣一種想法，那就是疾病始終在我

們的身體某個部分裡躲藏著，等待著某個恰當的機會，就會嚴重損害我們健康的身體，影響到我們的身心效率。

任何一種不和諧的思想，任何一種與不健康相關的思想，所有關於不幸身體狀況相關的鮮明圖像，所有關於恐懼的念想，所有讓我們感到內心畏懼與不安的事情，所有的激動與憤怒，這些都會嚴重損害與摧毀我們正常的消化系統與吸收系統，嚴重影響到我們正常的身體運轉。

心智其實就是健康的雕刻家，我們無法超過心靈健康固定的模式。如果我們的思想模式中存在著一些弱點或是漏洞的話，那麼我們的身體狀況也會出現類似不良的情況。

只要我們還在懷抱著不良的思想，懷疑著自己是否有能力成為一個精力充沛的強大之人時，只要我們還認為遺傳性的軟弱以及疾病的傾向隨時會爆發出來，只要我們認為正常的身體模式中存在著缺陷，認為人類是無法獲得完美的健康，那麼你的人生，你的生命將會追隨你的思想與人生信念。正所謂你有怎樣的想法，你就能成為怎樣的人。

絕大多數人似乎都認為，健康是某種被命定的事情所注定的事情，認為這在很大程度上是一種遺傳，或是某種我們無法從物質層面上去改變的事情。

但是，為什麼我們就不能以同樣的方式去思考幸福，思考我們工作中美好的一面呢？我們付出了那麼多辛勤的努

力，耗費了那麼多年月去為人生的事業做好準備，因此，我們更應該擺正好自己的心態。我們都知道，成功的人生事業是基於科學的訓練原則，這是一個講究系統與秩序的過程。成功事業的每一步都必然需要我們對此進行深入的思考與考量。我們都知道，這意味著我們付出多年來的努力與汗水，才能讓自己在某個領域內有所成就。但是，我們的健康卻是所有這一切的物質基礎，沒有了健康，我們談何成就，談何成功呢？但就是這麼重要的基礎，我們卻經常忽視不見，這著實讓人感到無比驚訝。

因此，我們需要記住一點，那就是所有心靈功能的健全以及效率，在很大程度上都能決定我們是否擁有健康的身體。健康的身體能夠大大提升我們的工作效率，能夠增強我們對事情的感知能力，增強我們的創造性能力，催生我們對事情更多的熱情與自發性。健康的身體還能夠讓我們的判斷力變得更加準確，讓我們更能分辨出事情的真相，讓我們能夠做出更加果敢的決定，有更強的執行能力。我們應該以勤奮的態度去面對這樣的事情。

正如我們為所有其他重要的事情打下基礎一樣，我們同樣應該為自身的健康打下基礎。我們應該學習最理智與最科學的養生方法。我們應該時刻思考著健康，談論著健康，擁有著一種健康的理想，正如一個法律系的學生應該經常思考

著法律，談論著法律，閱讀法律相關方面的書籍，讓自己時刻生活在一個瀰漫著法律氣氛的環境下。

其實，健康在很大程度上是一個道德層面上的問題。系統性的生活本身是無法催生出健康的。我們必須還要透過正確的思想與理智的思考，才能實現身心的健康。

健康只能透過時刻思考健康去獲得，而不能去思考與疾病相關的思想去實現。我們不能懷抱著任何關於自身軟弱的想法，而應該去思考關於自身強壯的想法。我們應該去思考和諧的事情，而不應該專注於那些紛爭。我們要懷抱著愛意的想法，不要對人有仇恨的想法。我們應該去做一些具有建設性的事情，而不要去做那些自我摧毀的事情。

自信是保持健康的一個強大因素。我們都應該透過健康、和諧以及幸福的思想去讓自己保持足夠強大的能力，讓身心處於一種和諧的狀態。

只要我們懷疑自己保持健康的能力，只要我們認為自己未來必然會生病或是出現身體上的某些痛苦，或是認為自己天生就已經遺傳了某些疾病，那麼我們是根本無法保持強大且正常的身體狀況。

人們終將了解到，我們再也不能允許這些不和諧的思想進入我們的心靈世界，因為我們不能允許那些薊草的種子在心靈的花園裡生根發芽。我們應該深知自身的思想具有一種

建造與摧毀的作用，我們的思想必然會透過身體得到展現。

　　要是我們將健康不佳視為一個不去履行人生責任的一個藉口，那麼這往往會反映出我們的真實為人，這也顯示了我們的弱點以及欺騙性的心理。軟弱與疾病會讓我們明白，我們並沒有忠於自己的真實思想。在我們的心靈深處，我們覺得自己其實是在違背真實的動機，並且為自己忍受的痛苦以及夢想的無法實現而感到無比痛苦。

　　當今的很多人都羞於說自己生病了，因為他們知道這意味著他們的身體必然是出現了某些問題，這是對健康法則的一種違背。我們開始意識到，人們不僅會認為生病是一件毫無必要出現的事情，而且還會認為上帝的子民要是在本該去做偉大的事情的時候，卻整天抱怨著自己的健康不佳，這是一件非常恥辱的事情。我們應該過上上帝原本賜給我們的美好生活。我們應該明白一點，那就是我們生活在這個世界上就該獲得永恆的樂趣。

　　當我們對自身所具有的的真正神性有所了解之後，就必然會拒絕讓自己產生軟弱的想法。我們都應該羞於成人自己正在遭受著風溼、消化不良或是痛風等疾病，因為我們現在認為這必然是我們的生活與心靈狀態出現了某種問題，違背了自然的規律。未來的人們將會知道如何自然而然的散發出健康與歡樂的情感，就像玫瑰那樣呈現出美感與散發出芳

香。未來的人們將能夠自然而然的散發出生命的氣息與活力，就像他的每一次呼吸那樣自然順暢。因為他們不會去思考任何不健康的想法，也不會散發出任何不健康的念頭。我們的一切行為最終都會反映出自身的思想。

　　思想是真實存在的，它們會在我們的心靈世界裡留下深深的烙印。任何歡樂的思想都不會產生陰鬱的情緒，任何健康的思想都不會產生疾病。要是恐懼的思想始終盤桓在我們的心靈世界裡面，那麼我們無法處於一種勇敢的狀態。只有當我們的心靈世界裡充斥著勇敢的想法，那麼我們才能變得更加自信。

　　一些著名的醫生也曾說，人類身體的某些部分是永遠都不會生病，永遠都不會死去的，這是一種強大的力量，這是一種具有神性且萬能的力量，這樣一種力量能夠治癒我們的疾病。無論我們如何稱呼這樣一種力量，這肯定是一種具有創造性的能量，能夠幫助我們恢復健康的力量。我們可以稱之為上帝的原則，稱之為心靈世界裡的耶穌基督，或是神性的原則，或是全能的力量。無論我們起怎樣的稱呼，這都是一種具有創造性且具有無限泉源的能量。

　　正是創造出我們的能量讓我們不斷得到修復。如果我們能讓自己與這一永恆的原則處於一種和諧狀態，與自身最好的東西保持一致，那麼我們就能實現自身最高的效率，就能

獲得最大程度的幸福。只有當我們與自身那種永遠不會死去的能量相統一，與永遠不會犯錯的神性原則相統一，那麼我們就絕對不會出現低效或是感到不幸福的時候。這就是我們面臨的唯一事實，這也是我們作為人存在的唯一真理。

　　鏽跡通常會逐漸讓鋼琴的琴弦慢慢生鏽，但卻無法摧毀偉大的和諧法則。摧毀神經細胞與大腦細胞的疾病也根本不會影響到這樣的一個事實，那就是我們作為人存在的真理。這一真理是堅不可摧且永恆不變的，這完全超出了我們稱之為死神的控制範疇。我們都會像那位偉大的德國醫生那樣，感受到內心深處那種永遠不會生病，永遠不會死去的能量，不讓自己受制於疾病的折磨，讓自己感受到上帝賜給我們的無限能量。

　　人類其實就是心智的展現。這就是生命的一個重要現實。通向健康的重要方法就是每時每刻都要按照偉大的上帝原則，好好的生活，好好的前進。這就是一切和諧狀態下最重要的真理。與聖保羅一樣，我們都要相信任何事情都無法讓我們與這一神性的愛意原則相分離，無法讓我們與這種全能的力量出現脫節的情況。愛意與真理始終都會為你服務。你要時刻懷抱這樣的信念，那就是上帝的原則是宇宙中唯一的一種能量。所有的創造，所有的生命都是發源於此。

第六章

心靈的力量

　　人們產生的每一個念頭與思想都會深深鑴刻在他的大腦裡。因此，一個人幾乎能夠按照自己的想法透過外在的身體形態展現出來，因此，天使能夠從他的結構上發現自己的人生自傳。

　　──史威登堡（Swedenborg）

　　蓋茲教授所進行的實驗充分說明了一點，那就是不良與沮喪的情感會在人的身體系統裡產生不良的成分，其中一些成分還是非常有毒的。而愉悅與快樂的情感則能夠在人體裡產生具有營養價值的物質，能夠刺激身體的細胞釋放出更多的能量。

　　蓋茲教授說：「對每一種不良的情感而言，都會在人的身體組織裡找到一種相對應的化學變化。每一種積極的情感都能夠帶來提升生命的改變。每一種進入我們人體的思想都會對大腦細胞的結構產生影響。這樣的改變是一種生理層面上的改變，而此類的改變很可能是持久的。

　　「任何人都能在每天的每個時刻裡去建構自己的心靈世界，喚起心靈世界裡的那些愉悅的情感與想法，將他們所有的善意情感與無私的精神都匯聚起來，讓這樣的行為變成像是舉啞鈴那樣的行為。我們要經常進行身體鍛鍊，直到每分鐘能夠舉六十次或是九十次這樣的動作。在一個月之後，你就會發現自己能夠得到讓人驚訝的結果。這樣的改變會在他的行動與思

想中得到呈現。最後，這又會在人的大腦中得到展現。」

除了抽菸與酗酒或是沉迷於其他色情之外，還有許多摧毀身體的方法，憤怒的情緒就會改變唾液的成分，使之變成一種有害的物質，對我們的身體構成危害。眾所周知，突然間出現劇烈的情感爆發，這不僅會在短時間內弱化我們的心臟功能，而且還會造成人們出現神志不清或是死亡的情況。

科學家們已經發現了一點，那就是一個人在深沉的罪惡感下，往往會突然感到身體無比寒冷，這會影響到人在正常狀態下的排汗系統。有時，罪犯的思想狀況可以透過對他身體的排汗成分進行檢查去進行了解。當這些汗液與酸性物質溶解之後，就會變成深粉色。

蓋茲教授說：「假設一個房間裡有六個人，第一個人感到沮喪，第二個人感到懊悔，第三個人脾氣暴躁，第四個人內心充滿著嫉妒，第五個人感到內心愉悅，第六個人為人仁慈。醫學研究人員對這些人排出的汗液進行分析檢查。他們會發現這些人所處的情感狀態會對他們排出汗液的成分產生重要的影響。」

眾所周知，恐懼會讓很多人成為受害者，而勇氣則會讓人重新恢復到一種正常的狀態。

憤怒就像是一位可能會毒害初生嬰兒的母親。一位著名的馴馬師就曾說，一句憤怒的話語都會讓馬匹的血液流動的

速度比抽十個鞭子還要奏效。在對狗進行類似的研究也得出了同樣的結果。

如果這對於低等的動物來說是這樣的話，那麼這對我們人類又會產生什麼樣的結果呢，特別是對於心智尚未發育成熟的孩子呢？強大的心靈情感通常會讓人產生嘔吐的情況。極端的憤怒或是恐懼會讓患上黃疸病。而怒髮衝冠的情形則會讓人全身痙攣，甚至是出現死亡的情況。誠然，我們在很多情況都已經看到了，即使我們是在一個晚上裡讓自己的心靈處於極度的痛苦狀態，這都可能徹底毀掉我們的人生。

全能的上帝從來都不曾希望我們成為自身情緒的受害者，也不希望我們成為不良心理暗示的受害者。我們完全有能力去控制自己，但是我們必須要認真培養這樣的能力並且好好的利用。

那些能夠控制心靈王國的人才是真正偉大的人，那些能夠隨時控制自身情緒的人才是真正有用的，這些人深知心靈在消除突然來襲的「憂鬱情感」時所具有的力量，知道如何用積極正面的思想去消除消極負面的思想。他們正如那些醫生知道在吃了酸性物質之後，要及時服用一些鹼性物質才能進行中和。一個不懂得心靈力量的人，就好比是那些在吃了酸性物質之後，還試圖服用酸性物質的人。真正明白這個道理的人都知道該怎麼去做，才能將那些不良的情感全部趕出心靈的世界，才

知道該怎麼樣才能讓自己重新煥發起心靈的能量。

因此，那些深知心靈力量的人知道如何用積極愉悅的解藥去中和那些消極負面情緒所帶來的不良影響。他們知道樂觀的思想能夠將悲觀的思想扼殺掉，能夠讓人們迅速從各種不良的情感中擺脫出來。而健康的思想能夠中和所有各種不良的情感。愛的思想能夠將仇恨、嫉妒以及報復的思想全部扼殺掉。他們並不需要忍受心靈的痛苦，因為他們始終能夠找到心靈的解藥。一旦他們知道如何去運用這樣的解藥，那麼不良思想所帶來的致命腐蝕性能量就會被消除掉。

如果孩子們從小就被灌輸心靈具有強大的力量這樣的思想，就像他們被灌輸化學、物理等方面的知識，那麼他們就不會成為軟弱的悲觀主義者，也不會成為「憂鬱」的受害者。我們也就不會到處見到那麼多面容憔悴，憂心忡忡的人了。我們也就不會看到那麼多罪犯了，也不會看到每個行業裡都會有那麼多人遭遇到可悲的失敗了。

不少人或多或少都會因為對心靈所具有的力量的無知而受到這樣的毒害，我們忍受著心靈毒藥帶來的痛苦，但卻對此茫然無知。我們不知道該如何去化解這樣的毒害，不知道該如何面對這些為我們身體帶來痛苦的不良思想。

沒有比產生仇恨、嫉妒或是想要報仇的欲望更能消耗我們的活力，消耗我們人生精力的事情了。我們都可以看到懷

抱著這些「激動情緒」的受害者都顯得那麼的憔悴、蒼老，甚至是在他們人到中年時就顯得未老先衰。我們可以從很多醫學資料裡看到，嫉妒與仇恨的心理都會讓人在數天或是數週之內變得蒼老，讓整個人的身心系統遭受嚴重的打擊。

但是，這些心理毒藥其實是很容易化解的，正如生理層面上的毒藥是可以找到大家熟知的解藥去化解的。如果我們因為發熱而感到不舒服，我們就會找醫生開藥。但是，當嫉妒與仇恨的心理在我們的內心翻滾的時候，那麼我們就會遭受極大的心靈痛苦。除非我們能夠逐漸將嫉妒與仇恨的心理化解掉，否則就很難擺脫這樣的困境。我們可以運用愛意的思想去進行化解，不僅能夠輕易的擺脫這樣的痛苦，而且還能讓我們整個人的身體系統不會遭受什麼損害。特別是對那些大腦神經狀況不是很好的人，這一點特別重要。

水裡面的汙垢或是不純的物質，都是可以透過科學的化學知識去進行處理，同理，人類心靈世界裡的汙垢與不純的想法，同樣是可以透過良好的思考習慣去進行改變的，將原先一些邪惡的想法或是不良的習慣改掉。我們要採取的方法其實就是很簡單，與原先那些錯誤的思想相反的思想去進行中和，那麼我們自然就能夠得到較好的結果。

毒藥專家或是病理學家的責任就是了解每一種毒藥所對應的解藥。他們不可能用救嗎啡中毒的藥物去解救那些吃了

砒霜毒藥的人。他們必須要找到適合砒霜這種毒藥的解藥，才能挽救中毒者的生命。他們需要精確的掌握每一種毒藥中毒後展現出來的症狀。

如果人們知道中毒者所中的是哪一種毒藥的話，那麼很多寶貴的生命都是可以拯救回來的。我認識一個服用了碳酸毒藥的人卻被人餵了氰酸，當然這個中毒者的生命最後沒有拯救回來，因為他服用的不是一種正確的解藥。

人們終將了解到，每一個具有智慧的人都應該成為了解心靈力量的專家，懂得如何使用恰當的解藥去對待某一種具體的心靈毒藥。

我們應該發現一點，那就是消除一種不友善、不愉悅或是不良情感的方法是很簡單的，我們只需要按照與其相反的方式去做就可以了。我們要學會如何控制自身的思想，就像我們懂得如何去控制水的溫度一樣。如果水的溫度太高，那麼我們只需要加入一些冷水即可。如果我們感覺到自己的大腦被某些劇烈的情感衝擊的時候，那麼我們只需要轉向一些愛意的想法以及平和的想法，那麼憤怒的情感就會被消解。

換言之，想要完全控制思想的狀況，保持心智的平和與心靈的安靜狀態，這是絕對有可能的。即使是在最艱難的環境下，我們也是可以做到的。

要是我們能夠保持愛意的思想，那麼任何情況下的情緒

或是痛苦，都是很難影響到這種充滿尊嚴的自信與內在的和諧心理。要想讓這些人遭受痛苦幾乎是不可能的事情，因為他們已經掌握了消除不良有害思想所帶來的惡劣影響，因此他們知道如何去中和這樣的想法，知道如何讓自己始終保持健康的思想。若是以後的人們感覺自己突然情緒沮喪，那麼他們就會認為這樣的狀態是對上帝的一種侮辱。他們將知道透過怎樣的方法停止沉浸於這樣的思想當中，他們知道如何運用各種充滿力量與活力的想法去消除這些想法。

比方說，充滿愛意的思想在消除人們所感受到的痛苦方面會帶來多麼神奇的效果啊！愛意的思想能夠溶解自私與貪婪，能夠摧毀一切仇恨的思想，摧毀所有影響我們的身心敵人。

如果我們懂得時刻讓內心充滿著愛意、希望、鼓勵或是無懼的思想，這對我們實在是太重要了！我們不需要否認這些不良思想的確是存在的，但是我們卻懂得如何運用積極的思想去趕走這些不良的思想。

我們無法以任何方法去將房間裡的黑暗趕走，但是我們卻可以透過點亮一盞燈的方式去做。當光明出現了，黑暗也就自然消失得無影無蹤了。

擺脫不和諧的身心狀態的方法，就是要讓我們的心靈世界處於一種和諧狀態，那麼不和諧的狀態自然會消失，正如黑暗會在光明出現的時候消失得無影無蹤。

將沮喪或是憂鬱的情緒趕出心靈世界的方法，就是讓心靈世界填充著充滿希望與樂觀的畫面。我們可以用積極正面的思想去將消極負面的想法扼殺掉。這些積極的思想都是那些消極思想的天然解藥。

　　酸性物質可以立即被鹼性物質所中和。火要是在水、碳酸氣體等澆灌下立即熄滅。我們無法單純透過意志力去將仇恨、嫉妒以及報復從心靈的世界裡驅趕出去。愛意才是真正的解藥，能夠將那些不良的「酸性」情感立即中和掉。

　　當我們的心靈世界裡瀰漫著愛意的時候，仇恨是不可能在心間存在的。黃金法則會幫助我們立即扼殺掉嫉妒與仇恨。在愛意存在的前提下，這兩者是不可能存在的。

　　絕大多數人面對的最大問題，就是他們試圖想辦法將這些不良的情感驅趕出去，而不是試著透過用積極正面的思想去進行中和。他們試圖將仇恨的情感從心智的世界裡驅趕出去，而不是想辦法去找尋如何更好解決這個問題的解藥。

　　顯然，你需要改變自己的心靈態度 —— 你要多加思考愛意，感受到自己對這個世界的愛意，不要讓仇恨填充在自己的心間。只有透過這樣的方式，仇恨才會漸漸的消失，我們才能將這些仇恨的思想趕出心靈的世界。當你感到羞澀，想要表達出自我懷疑的想法，或是展現出任何形態的不安與焦慮的時候，你都要學會用與此相反的心理暗示，去消除這些

具有破壞性的心靈暗示。

　　請記住，每一種病態的情感，每一種不和諧、軟弱的思想都是心靈遭受毒害之後表現出來的症狀。你們肯定能夠找到解藥 —— 這種所謂的解藥就是用積極正面的思想去替代那些不良的想法。你的心靈解藥始終都是存在的。消除所有錯誤的解藥就是追求真理，消除所有紛爭的解藥就是和諧的狀態。你並不需要去花錢找什麼醫生。你能為自己開的藥方始終都是自己能夠做到的。當你掌握了心靈所具能量的祕密之後，那麼你就能立即消除每一種症狀，知道如何去解答每一種心靈疾病了。

　　每一種真實、具有美感與富於幫助的思想都代表著一種積極的心理暗示，若是我們能在心智的世界裡不斷重複這樣的思想，那麼這些思想就會以不斷複製的方式去呈現出來，這能夠讓我們認清楚自己的理想，提升自己的生命狀態。這些激動人心與富於幫助性的心理暗示，能夠讓我們的心靈世界變得健康正常起來，之前的那些消極負面的思想就會立即消失，因為這兩種相反的情感是不可能同時共存的。它們之間都存在著你死我活的對抗狀態，是天生的敵人。其中一種思想的存在必然會排斥另一種思想的存在。

　　我認識一個具有正直品格的女性，她就掌握了一種迅速喚醒心智的能力，即使是在最糟糕的環境下，也知道如何去

激發自己的潛能。在她了解了心靈圖像在喚醒心智過程中所起的作用之後，就開始對心靈世界裡的敵人進行了一番認真仔細的研究，學會了如何消除所有暗示著陰暗、不幸等情況的心靈圖像，透過沉湎於積極正面的思想去改變自己的心態，讓自己感受著具有美感、愉悅與提升精神的心靈畫面，從而讓自己能夠走出心理的陰影。

當她珍視其中一種思想，選擇忽視另一種思想的時候，就能很好的理清自己的思想，隨時按照自己的需求去提升自己的心靈狀態。

在經過認真仔細的研究與了解之後，她已經知道了如何保持一種冷靜與優雅的心態了，她的心靈始終處於一種平衡的狀態，讓每一個認識她的人都能夠感受到一種平和與優雅的氣質。

人類的身體是由細胞組成的。我們人類不過是十二種不同類型的細胞所組成的，其中就包括大腦細胞、骨頭細胞、肌肉細胞等等。健康與能量的最大化釋放取決於每一個細胞都處於一種絕對意義上的健康狀態。疾病與健康不佳其實就意味著身體某些部分的細胞遭受到了一些損害。

很多人似乎認為，思想只會影響到大腦，但事實上，我們的思想會影響到我們整個人的存在狀態。

生理學家們經過研究發現，大腦灰色的區域其實代表著

一個盲區。因此，盲人往往能夠做出一些視力正常的人所無法做出的行為，他們能夠用手去觸摸事物，分辨出金錢與顏色之間最細微的差別，甚至是一些棉線與突出的部分，都可以被他們一一感知與分辨。這充分顯示了思想並不單純局限於人類的大腦，我們的思想是拓展到整個人的身體之上的。

身體其實就是延伸狀態下的大腦。每一種進入我們大腦的思想都會迅速透過每一個細胞進入到我們的身體，這也解釋了一些噩耗或是一些可怕的災難會在瞬間影響到我們身體的每一個部位，從而影響著我們身體的分泌系統以及正常的身體功能。

電報裡傳來的壞消息通常立即影響到我們的心臟、胃部與大腦功能。這也從醫學層面上解釋了某些人在幾個小時內就頭髮變白的情況，這就是因為壞消息對他們的心靈帶來強大的震撼。這樣的震撼從大腦傳遞到身體的每一個細胞裡面，而且這樣的傳遞幾乎是在瞬間完成的。

身體內數十億計的細胞都是以最為緊密的方式相連在一起的——這是透過相互吸引與相同屬性的方式連結在一起的。當我們的心靈裡填充著積極的思想的時候，這就會為我們帶來積極的影響，要是我們的心靈裡填充著不良的思想，這就會為我們帶來不良的影響。每一個細胞都會因此遭受一些傷害或是得到一些好處，能夠感受到生命的衝動或是死亡

的衝動，而這一切都是取決於思想所具有的特質。

醫學界已經進行了許多研究，這些研究顯示我們會為不良的思想習慣付出沉重的代價，因為這會讓我們的身體細胞遭受傷害。許許多多的實驗已經證明了這樣一個事實，那就是所有充滿健康、希望、歡樂以及樂觀的思想都能提升整個身體的細胞生命。這些細胞都是具有創造性的，而與此相反的思想則會對細胞的生命造成一種毀滅性的打擊。

當我們理解到了這樣一個事實，也就是每一種思想與情感都會立即被我們身體的細胞所感知，即使是在身體最遙遠部位的細胞。在此之後，我們才能深刻的明白思想與情感之間所具有的特質。我們將能夠明白懷抱著沮喪與悲觀的思想、恐懼與憂慮的思想，仇恨與憤怒的思想，自私與邪惡的想法，這些思想都將會對我們身體所有細胞的生命造成不良的影響。我們的健康標準不僅會降低，而且我們的心靈與身體能量也會因此而受到影響。我們將會明白一點，那就是健康的思想與充滿活力的思想將會產生積極的作用，對我們身體的每一個細胞都產生一種提升的作用。

一個人所能做到的最偉大的事情，就是讓身體的每個細胞的生命都能處於最佳的狀態。當我們做到了這點，才能處於一種正常的狀態。當我們的細胞生命處於一種正常的狀態，那麼我們也會成為一個正直、追求真理、高尚與真誠的人。

敷衍了事的工作所帶來的不幸福感與低效感，這個世界上出現的諸多犯罪行為，這都是因為不良且不科學的思想所造成的細胞生命受到了傷害，因此很自然的造成了這些人做出了違背人性的事情。

當一個人處於絕對正常的狀態時，他是絕對不會產生去做壞事的念頭。只有當他的生命細胞因為錯誤的思想受到了傷害，這才會讓他過上不良的生活，沉浸在消極放縱的生活習慣當中。在這種情況下，一個人做錯事的機率就大大增加了。因此，我們每個人的最高的道德標準，最高的幸福感，還包括我們最高效的工作狀態，這些都是取決於細胞生命所處的健康狀況。

如果我們的身體始終處於一種最佳狀態，那麼去做正確與成功的事情就將變得相對容易許多。

只有當細胞生命受到了傷害，才會導致我們設定的標準變得越來越低。這是因為此時的我們處於一種不正常的狀態，我們受到了不良生活習慣的影響。我們體內流動的血液因為不良的思想而受到了毒害，導致我們根本不能控制自己的一些行為，最終做出了一些讓自己後悔的事情。

每一個人都是在思想的大海裡漂浮，海浪會在每一個方向不斷前進。當我們接受到了各種相互衝突的思想潮流時，若是我們不知道如何運用心靈力量的祕密，那麼我們就會在

這動盪的海浪中遭遇各種悲傷。我們必須要找到克服各種有害思想的解藥，才能平安的渡過這片海域。我們必須要成為自身情緒的主人，學會指引我們的思想，讓自己的身心能夠免於那些不良思想所帶來的消極影響。

無線電的發明帶來的一大問題就是，這有時會為我們帶來瞬間的精神衝擊，讓我們猝不及防。要想真正的鍛造自己的品格，我們就需要知道如何消除各種相互衝突的思想，知道將各種紛爭的思想變成和諧的思想，不被各種不良有害的思想所毒害。成千上萬人都已經找到了解決這個問題的方法，每個人都能夠運用心靈所具有的力量，知道如何正確的穿越思想的浪潮，將錯誤的思想全部消除掉。

那些在人生早年就知道了如何培養心靈的科學方法的人是幸運的，因為他們掌握了讓心靈時刻接受正面心理暗示的祕密。因此，當他們置身於一種不友善的環境時，也知道該怎樣去掌控自己的心靈，努力去做到最好。

沒有比「我們能夠利用與培養正確的思維能量去成就自己」這句話更加正確的了。

不久前，我多年來沒有見過的一位年輕人拜訪我。我驚訝的發現他改變了許多。我還記得上一次見他的時候，他總是那麼悲觀、沮喪，幾乎陷入了一種絕望的狀態。當時的他對生命充滿了絕望，對人性與自己失去了自信心。在那次交

流過程中，我發現他整個人完全改變了。之前那種悲觀與沮
喪的神色早已經不見了，取而代之的是歡樂與愉悅的情感。
他的身上散發出希望、幸福與快樂的氣質。

　　這個年輕人娶了一位具有樂觀精神的妻子，這位妻子天
性樂觀，總是透過笑聲去驅趕他內心的煩惱與不安，改變了
他之前那些錯誤的想法，讓他感到精神層面上的愉悅，讓他
對自己有了更高的評價。他從之前那些不良的環境中抽身出
來了，再加上妻子帶給他的具有幫助的「全新思想」，讓他產
生了要過上美好生活的念頭，努力去改變自己的心靈景象。
懂得運用愛意的原則以及發揮正確的思想能量，幾乎讓他變
成了一個全新意義上的人。

　　現在，我們才開始明白一點，那就是每個人都能找到治
癒身上疾病的萬能藥，即使是精神層面上的毒藥 —— 這其中
就包括仇恨、嫉妒、憤怒、報復、錯誤的目標以及各種邪惡
的想法與情緒，當我們讓愛意、仁慈以及善意存於心底的時
候，那麼這些有毒的思想就會被中和，消失不見了。

第七章
想像與健康

幻想能夠拯救我們，也能夠扼殺我們。當香膏無法癒合我們的傷口時，當我們沒有奴隸的幫助時，我們只能透過想像去找到治癒的方法。

—— 卡特萊特

不久前，一位牧師被送到醫院，他的身體非常虛弱。他說自己吞了一顆由金屬做成的假牙，因此他感覺自己的胃部似乎都要被這些金屬片給割破了。

幫他治療的醫生努力安慰他，千萬不要有這樣的想法，但卻沒有什麼效果。之後，這位牧師的妻子發來一份電報說，他的假牙在床底下被發現了。這位牧師為自己這樣小題大做的行為倍感自責，立即從病床上爬起來，穿好衣服，付了帳單，然後在不需要人攙扶的情況下走出醫院。

只要這位牧師相信自己的確是吞了那顆由金屬做成的假牙，那麼世人對他說的一切話語都無法讓他減輕半點痛苦。我們首先要做的就是改變他的這個信念。

醫生告訴我們，人們患上流行性疾病的機率在很大程度上取決於當事人的心靈狀態，當一個人的精神處於興奮狀態時，即使讓他與那些身患嚴重疾病的人一起互動，他的身體也不會出現什麼問題。

我看到過不少原本精力充沛，身強體壯的運動員在遭受了某次意外事故帶來的傷害之後，竟然覺得自己虛弱到無法

提起一磅重的東西。他覺得自己就像一個小孩子那樣軟弱無力。任何物質上的藥物能夠幫助到他，也無法改變他所處的現狀。除非我們能夠改變他這樣的想法，否則他就會一直處於這樣的狀態。可見，一個人的想法就像是突然來襲的閃電，能讓一個巨人變成侏儒，也能讓一個侏儒在瞬間變成一個巨人。

許多醫生都記錄了不少這方面的真實病例。一些病人對三氯甲烷有著極端的恐懼，在還沒有注射這種藥物之前就陷入了暈厥的狀態。他們之所以出現這樣的情況，就是因為他們的心智發出了這樣強大的心理暗示。

我認識一位醫生，在一次釣魚的旅程中遠離了家，但有人要求他立即去救治一位遭受著無比痛楚的病人。當時，他的身上沒有攜帶任何藥物，但是這位聰明的醫生知道心理暗示所具有的作用。於是，他就用一些普通的麵粉做成很小劑量類似於藥物的粉末，然後認真細心的給出了服用藥物的具體時間，說每隔幾分鐘就要服用一些這樣的粉末。

這位病人被告知是一位醫術精湛的醫生幫他治病，他對這位醫生以及他開的藥物的高度信任，讓他的身體在極短的時間內出現了神奇的改變。他說自己能夠感覺到藥物對自己身體產生的積極影響。也就是說，他認為麵粉加上信念讓他的病情出現了好轉。

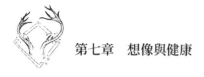

在一份醫學報告裡，當某地出現大面積的黃熱病之後，我們發現了拉什（Rush）醫生透過運用精神影響的方式去治癒病人的神奇例子。

「拉什醫生的出現就是對病人的一種極大的精神鼓舞，在他沒有向病人開什麼藥物的情況下，一位病人就好了起來，似乎他所說的話足以讓病人戰勝黃熱病，自動的康復起來。」

要想身體的狀況好轉起來，那麼疾病的思想必須要從我們的心靈世界裡消失。當疾病的思想從心靈的世界裡消失之後，我們的身體就能再次回復活力，處於一種正常的狀態。

最近，我聽說一位年輕的女士與她的未婚夫在戲院裡看戲的時候，突然暈了過去。她的未婚夫是一位醫生，立即從他的口袋裡取出一些東西，然後遞給她低聲的說：「將這片藥物放在嘴唇邊，但絕對不要吞下去。」這位女士按照未婚夫的要求去做，立即感覺好了許多。有趣的是，這片所謂的藥物雖然根本就沒有溶解，但卻為她帶來了極大的心理安慰。當她回家之後認真檢查這片所謂的藥物時，竟然發現這只是一枚小小的鈕扣。

醫學歷史顯示，成千上萬人都是死於自身的想像力。他們深信自己患上了某種疾病，但他們事實上卻根本沒有患上這樣的疾病。顯然，很多人遇到的問題是出現在他們的心靈上，而不是他們的身體上。

我們之中很少人意識到，想像會對人的身體產生一種極大的影響力。每年都有許多人是死於對狂犬病的想像當中的，這就足以證明了這樣的事實。我們經常可以見到，一些人在被狗追逐了一段路程之後，就會感到驚恐萬分，在之後的日子裡整天惶惶不可終日。

不久前，我閱讀了一個講述一名年輕的印度軍官的故事，這位軍官找來了一位著名的醫生，因為他感覺自己因為長時間的服役而感到身心疲憊。醫生對他的身體進行檢查之後，說明天就會寫一封信給他。這位病人收到的信件上說他的肺部幾乎都被損害了，他的心臟也受到了嚴重的損害，並且建議他立即停止工作。「當然，你還可以多活幾個星期，但是你最好儘快去決定一些重要的事情，不要留下什麼遺憾。」

這封判了他死刑的信件很自然的讓這位年輕軍官感到內心絕望，他的身體狀況迅速惡化。在二十四個小時之內，他就感覺呼吸困難了，覺得自己的心臟位置出現了劇烈的疼痛。他回到床上，深信自己永遠都無法從這張病床上站起來了。在晚上的時候，他覺得自己的病情迅速惡化，他的僕人立即請來了醫生。

「你到底是在做什麼呢？」醫生大聲質問，「我昨天看到你的時候，你都沒有這樣的症狀啊？」

「我想這是我的心臟出現了一些問題。」這位年輕的軍官

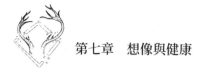

第七章　想像與健康

用低沉柔弱的聲音回答說。

「你的心臟！」醫生大聲的說，「你的心臟在昨天都還好好的。」

「那肯定是我的肺部出現了問題。」這位年輕軍官回答說。

「你到底是怎麼了？你似乎也沒有喝酒啊！」

「是你寄來的信件，你寄來的信件。」這位年輕軍官喘著氣說，「你說我只有幾個星期可以活了。」

「你瘋了嗎？」醫生說，「我寫給你的信是說你需要到山上休養一個星期，那麼你就會痊癒的。」

這位年輕軍官的臉上已經露出了死灰色，簡直無法從枕頭上抬起自己的頭，但是他從床褥下拿出了那封醫生寄來的信。

「我的天啊！」醫生大聲說道，「這封信是寄給另一個病人的！我的助手錯誤的將這封信寄給了你。」

這位年輕軍官立即從床上翻身起來，並在幾個小時內感覺身體恢復到了正常狀態。

當我在哈佛醫學院參觀的時候，有一位著名的醫生在這裡擔任醫學教授，他就跟我們講述想像所具有的力量，並且警告學生們要時刻注意想像所帶來的各種危險，千萬不要想

110

像自己患上了他們正在研究的某種疾病。在這次課堂中會後，這位教授對我說，他的腦海裡有一種強烈的信念，那就是他感覺自己得了腎臟病，這甚至讓他不敢到醫院去檢查。他覺得自己真的是被一種所謂的致命疾病所牢牢控制住了，因此他寧願就這樣死去，也不願意去告訴他的其他同事。這段時間以來，他失去了食欲，覺得自己幾乎連授課的能力都沒有了。直到某天，他在醫學界裡的一位朋友驚訝的發現他的容貌出現了極大的變化，於是就問他出了什麼問題。

「我得了腎臟病」。這位教授回答說。「我敢肯定自己是得了這種疾病，因為我的身上展現出了這種病的每一個症狀。」

「胡說八道。」他的朋友說，「你根本就沒有得什麼腎臟病。」

在眾人的極力勸說下，這位教授終於決定去進行醫學檢查，結果發現他的體內根本就沒有得到腎臟病的一絲跡象，也就是說他根本沒有得什麼病。這位教授得知之後，在一天之內就恢復到往常精神矍鑠的狀態，每個見到他的人都能感受到這樣的變化。他重新有了食欲，身體肌肉又恢復了彈性，他感覺自己好像獲得了重生。

醫學歷史裡有很多這樣的情況，那就是不少人因為某些不良的想像而出現患病的情況。一份倫敦的醫學雜誌就記錄了下面這個例子：

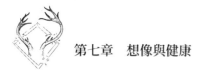

　　兩個倫敦人待在一個鄉村的某間房子裡，他們知道這裡曾經爆發過猩紅熱病。其中一人是個想像力不那麼豐富的健康之人，早上如往常那樣起床。而另一個人則是一個神經緊張且敏感之人，他感覺自己得了什麼重病，整夜都睡不好覺，並且身體還真的出現了一些皮疹情況，他們兩人都認為這就是所謂的猩紅熱。他們透過電報呼叫了倫敦的某位醫生，這位醫生最後證明這兩人根本就沒有患上什麼猩紅熱病，而只是純粹想像出來的疾病。事實上，這棟房子之前根本就沒有人得過猩紅熱病。之前住在這裡的人遭到了錯誤的診斷，而這位受驚的旅行者則透過自我的思想折磨，讓自己的身體在短時間內爆發出皮疹，並且是在毫無徵兆的情況下出現的，這著實讓人感嘆想像力所具有的力量。

　　兩個人住在另一間房子裡，之前住在這裡的一個人曾經因為得了霍亂而去世。其中一個人在不知情的情況下住在了這個房間，他整個晚上都睡得很香，並沒有出現什麼不良的症狀。而另一個人則是被人錯誤的告知之前那位霍亂病人曾在這個房間裡去世的，他整個晚上都忍受著心靈的煎熬，第二天早上他就感覺自己的身體很不對勁，最後他真的因為霍亂去世了。

　　人們在閱讀這些故事的時候，都會相信這些故事的真實性。但是，他們卻無法真實的看清楚自身扭曲的想像力，沒

有看到自身軟弱、不和諧或是沮喪的思想也會為他們帶來相似的結果。

　　在某些時候，我們都是自身想像的受害者。當我們認為自己正在接觸著某些可怕或是無可救藥的傳染性疾病時，這會徹底的導致我們整個人的身體系統出現紊亂，完全打亂身體各個器官的正常運轉。我們的心智並不會像往常那樣展現出那麼強大的功能，而是會逐漸降低身心的健康標準，直到我們在最後成為內心恐懼思想的受害者。

第七章　想像與健康

第八章
心理暗示是如何影響健康的

當我們堅信自己能夠成為什麼樣的人的那種想法，那麼我們就能在很大程度上成為這樣的人。

　　人們開始意識到，他們創造出來的原則將同樣能夠讓他們獲得修復與自我更新。

　　某人曾經說過：「你所能遇到的最大敵人就是見到你的朋友這樣說：『你今天看上去臉色不是很好，你到底怎麼了？』從這個時刻開始，你就會開始感覺不是很好。你這位朋友的話語會摧毀你的希望，讓你的大腦裡充斥著各種不祥的預感。」

　　心理暗示的作用是驚人的，這可以透過一個實驗去加以證明。某人被告知，在他被催眠的時候，一個滾燙的物體會觸碰到他的身體，最後當實驗人員用冰冷的硬幣去觸碰此人的皮膚時，他的皮膚竟然真的長起了水泡。

　　現在，我們明白了，如果單純的心理暗示能夠讓人的身體長出水泡，那麼心理暗示能夠造成或是治癒消化不良或是其他的疾病也絕對不是天方夜譚。如果我們能夠讓一些酒鬼認為他們喝下的所謂的白開水就是酒精的話，那麼他們在喝完之後也會跟蹌著腳步，說話口齒不清，這是因為他們的心理暗示已經為他們帶來足夠強烈的力量，讓他們認為這些水就是酒精，而酒精喝下去之後必然會產生全身麻痺的感覺。

　　弗雷德里克・范・艾登（Frederick Van Eeden）醫生是來自阿姆斯特丹大學的醫學專業畢業生，他列舉出了許多關於

這方面的例子。他曾提倡透過精神心理治療的方式去治癒病人。在談到來自巴黎的一位醫學權威教授的時候，他這樣說：

「在他的診所裡，他向我展示了這樣一種情況。他遞給病人一杯白開水，然後告訴他這是一杯酒，然後病人就將這杯白開水當成酒這樣喝下去了。我看到他告訴這位病人一根冰冷的銀湯勺正在慢慢變熱，觀察到了這位病人被這根湯勺每次觸碰的時候，身體都會顫抖一下。接著，他遞給這位病人一本書，說：『好好看看吧，這是一本空白的書，全是空白的！現在，你要對著這本書好好的吹一下，請再次看看吧！你會看到這本書裡面全是圖畫，全部都是圖畫。現在請你再次看看吧 —— 書裡面全是描述風景的圖畫。請好好的看看吧！』這位病人用驚訝的眼神看著這本書，甚至描述著只有他一個人看到的風景的細節。『我真的從未見過這麼神奇的書籍。』這位病人說。

「『我還能做到更好。』教授這樣說，『現在閉上你的眼睛，當你睜開眼睛之後，就會發現我的頭不見了。』當這位病人睜開眼睛，抬起頭，就用一種茫然與恐懼的眼神看著教授。教授說：『你覺得我沒有了頭之後看起來怎樣啊？』這位可憐的病人用手大力的敲打著自己的頭部，然後說：『哎呀，看來我真的是發瘋了。』」

我也曾看到過醫學人員對馬匹進行的相關實驗，從而讓

這匹馬認為自己是生病了。研究人員用毛毯蓋住馬匹的身體，然後用藥物對其進行摩擦，直到這匹馬失去了胃口，無法進行吃喝。另一匹完全健康的馬匹則是被研究人員用膠布拴住雙腳，然後用塗抹油進行摩擦，使其認為自己是腿瘸了。在很短時間內，這匹馬竟然真的無法繼續走路了。

眾所周知，母親表現出來的恐懼、不安以及憂慮的情感，會對她的孩子是否生病造成很大的影響。

精神緊張的母親要是始終懷著找尋著她的孩子所面臨的各種「敵人」的心態，那麼這其實就是在不斷招引各種她們所恐懼的敵人。當她們時刻注意著鄰居家某些人所出現的疾病，那麼這樣的心靈圖像就會漸漸在她們的大腦裡形成，最後將這樣的印象傳遞到她們的孩子身上，影響到這些孩子的身心功能。

我最近拜訪了一個家庭，這位母親總是告訴著孩子他的臉色是多麼的差，詢問著孩子的感受，然後給他服用這些藥物或是那些藥物。在整個晚上，她至少詢問了家裡多個孩子是否感到頭痛或是發燒。她整天都在為孩子們感到憂心忡忡，擔心自己的孩子會得上各種疾病，不准孩子們赤腳出門，警告他們要遠離各種事情，並且說如果他們不這樣做的話，就會患上肺炎或是其他一些嚴重的疾病。換言之，這位母親總是向孩子們灌輸著一種不良的心靈影像。最後的結果

就是家庭裡的某個成員始終處於生病的狀態。這位母親說她沒有時間經常外出，因為她的孩子經常生病，而她需要多加照顧他們。

與這位母親一樣，她的丈夫同樣對家人的健康情況非常擔心。他會叫自己的孩子走到跟前，然後用手替他把脈，然後告訴孩子說他的皮膚很熱，他可能是發燒了。他會認真檢查孩子的舌頭，然後說自己的孩子生病了。這樣做造成的結果就是孩子真的覺得自己是生病的，然後就上床睡覺了。

不知有多少父母根本沒有意識到他們的所作所為，其實會向孩子們灌輸各種不和諧的思想，讓恐懼的心理進入到孩子們柔弱的心靈世界裡，並且會讓孩子們面臨著各種他們想要極力避免的情況。

試想一下，若是孩子們從小就在這樣的環境下成長，始終被父母告知要遠離危險，始終被警告不要這樣做，不要那樣做的話，直到最後他們覺得跟誰在一起都是不安全的。他們在成長的過程中始終懷著對疾病的龐大恐懼，這將會成為孩子們日後生活中的可怕夢魘。

如果父母們知道對疾病的恐懼心理會造成多麼大的災難的話，那麼他們就會想盡一切辦法去將這些恐懼的心理從孩子們的心靈世界裡趕走。他們絕對不會允許孩子們沉湎於疾病所帶來的各種症狀的世界裡。

現在，我們才剛剛開始了解心理暗示在提升與壓抑心智方面所產生的神奇作用。最近，我聽到一位睿智的女性說她在每天的大部分時間裡都躺在床上睡覺，因為她覺得自己在雜誌上閱讀到的故事實在是太讓人感到壓抑了。這些故事都是由一位著名的作家創作的。這些故事的內容很吸引人，但卻會為讀者帶來不良的影響。看來，正是這位女性內心的一些不良思想，才導致了她的心智出現了失衡，從而讓她整天躺在床上，不願意到處走動。

對醫學系的學生來說，整天待在解剖室裡接受著可怕的心理暗示，還有就是他們在經常對疾病症狀進行研究的過程中，也往往會感受到壓抑性的影響。

另一方面，若是我們經常去接觸那些充滿樂觀、希望與健康的思想，那麼這必然會對我們的身體產生相對應的積極變化。

生病之人的心智或多或少都是處在一種無助、被動與消極的狀態當中，很容易收到了各種積極與消極思想的影響。在健康方面，積極正面、富於創造性的心靈態度能夠讓我們的心靈產生一種抵抗力，保護我們不會受到其他敵對思想的影響。

我們之中絕大多數人都知道，在我們生病或是身體不適的時候，接到了一位精神樂觀的朋友打來的電話，這是一件非常提振士氣的事情，朋友的積極樂觀的話語能夠為我們灌

輸希望與勇氣。我們都知道，當我們生病的時候，都不願意看到某些人的到來，因為這些人總是板著臉，用悲觀的話語跟我們說話，這只會讓我們失去對人生的希望，讓我們的心靈處於一種無助的狀態。在他們走了之後，總是會留下陰鬱且沮喪的陰影。

軟弱的人就好比是小孩子，他們都需要許多鼓勵。他們都希望從別人身上那裡找到一絲的希望。

想像一下，如果照顧病人的醫生、護士、親人或是朋友都在努力表現出希望、愉悅的心情與勇氣，那麼這對病人將會是一種多大的鼓勵啊。我想，這樣的情況在未來將會變成一種常態。

那些精神愉悅且懷有樂觀精神的醫生總是想辦法讓病人安心養病，喚醒他體內的治癒性能量（這樣的能量是我們每個人身上都具有的），告訴病人今天的臉色很好，讓他們從現狀中找到希望，努力讓他們的心靈處於一種愉悅的狀態，感受到善意所具有的能量。很多醫生表現出來的樂觀主義精神要比他們所開的藥方對病人還要有用。

我曾經認識到兩位在波士頓一所醫院工作的醫生，他們的情況就能很好的闡述這個例子。其中一位醫生是樂觀主義者，有著強烈的幽默感，他總是想辦法說一些笑話，讓病人的精神愉悅起來，為他們打氣。當他來到病房之後，病房裡

的氣氛就會為之一變，讓人感到無比愉悅。他那張笑容燦爛的臉龐與陽光的性格讓病人看到了無盡的希望。

而另一位醫生則是性情陰沉，為人嚴厲，不苟言笑，他的確是一位醫術精湛的醫生，但他卻話語不多，也很少微笑。如果他發現某位病人的臉色不是很好，就會立即告訴病人這樣的情況。現在，這位醫生越來越不受病人的歡迎了。

當然，他是一位有責任心的人，始終說出自己的一些想法，有時甚至是一些殘酷的事實，他都直接說出來。病人在聽到醫生這麼說之後，就會感到無比沮喪，通常都會失去戰勝病魔的鬥志，只好聽天由命了。

很多醫生都沒有意識到，病人戰勝病魔的信念在很大程度上都是與醫生的表現有關的，這與醫生表現出來的鼓勵情感以及希望的信念是完全分不開的。

所有醫學院培養出來的優秀醫生，都開始展現出這樣一種積極提升的力量，努力激發出病人對自身康復的強大自信。

一些有良心的醫生認為，他們始終都應該準確的告訴病人的病情，並且認為這是他們必須要做的事情，特別是在病人面臨著極度危險的疾病時，更應該這樣做。當然，如果醫生是無所不通，包治百病的話，這樣做可能還有些道理。如果他之前在診斷方面從未出過差錯，之前總能將病人的病情

完全根治，那麼他是可以這樣做的。但即使是醫術最為精湛的人都認為，他們對人體內部運行的機制也還不是很了解。他們知道病人通常能在著名醫生的治療之後康復，這是因為這些醫生重新燃起了病人康復的希望。當醫生們知道了自我懷疑的心態對病人所產生的負面影響之後，為什麼還要讓原本身體虛弱的病人去忍受這樣的痛苦呢，忍受這些壓抑的思想所帶來的極端負面心理呢？難道一個醫生對病人的更大責任不是為了幫助他康復起來嗎？讓病人恢復希望與自信，這對病人的身體健康有著極大的幫助。

醫生強大的心靈能夠對身體虛弱、內心沮喪與疲憊的病人產生深遠的影響。醫生應該盡可能的向病人灌輸充滿希望與向上的精神力量。相比於告訴病人真實的病情這項責任，醫生還對病人負有更大的責任，那就是給予病人戰勝病魔的希望。

內心懷有期望之人所感受到的心理暗示往往會產生神奇般的作用。一位夢想受挫的病人認為自己已經失去了人生的希望，認為自己以後多年都要遭受病魔的影響，在聽到某種全新藥物的廣告之後，重新燃起了康復的信心。他的內心彷彿看到了一絲希望，願意做出任何的努力去獲得這樣一種藥物。當他得到了這樣藥物之後，就欣然的服用了這種藥物，不斷的給自己這樣一種心理暗示，那就是自己在服用了這種藥物之後，必然能夠康復起來。

宗教歷史上有很多關於病人被某種聖泉治癒的例子，這些病人透過在聖水裡沐浴，或是在某些被他們認為有治療功效的水裡洗澡，從而治好了疾病。

　　很多到健康療養院裡的人，都將他們的身體狀況的改善歸功於療養院裡的清新空氣，以及他們所喝的乾淨水源。事實上，這可能是因為環境的改變導致的心理暗示出現了改變，而非空氣與水源方面上的改變。

　　心靈的愉悅、內心的勇氣、希望與樂觀精神，這些在治療病人疾病方面往往發揮比藥物更加重要的作用。因此，我們應該盡可能的鼓勵要往積極的一面去看。

　　我們所面臨的問題就在於，我們並沒有意識到自身的心智裡潛藏著一種全能的解藥。對於人類患上的每一種疾病，都必然能夠找到一種解藥 —— 這種解藥不是一種緩解病情的藥物，而是一種絕對意義上的藥物 —— 這種藥物的名稱就叫《聖經》。

　　沒有比《聖經》一書更加強調愛意能夠治癒一切的觀點了。我們都會得到這樣一種心理暗示，那就是母親的愛意能夠幫助緩解與消除孩子們感受到的恐懼以及小小的傷痛。孩子們在受了傷之後，都會很自然的找尋母親的懷抱，讓母親的懷抱幫助他們抵抗各種讓他們感到恐懼的事情。

　　如果孩子們能夠感受到母親之愛所具有的強大力量，那

麼我們又能從神性的愛意 —— 這種無私之愛 —— 中得到多大的愛意呢？《聖經》一書向我們保證一點，那就是完美的愛意能夠驅趕所有的恐懼。恐懼的心理是造成內心紛爭與疾病的重要原因。

對那些遭受著恐懼心理折磨的人來說，什麼才是最好的解決方法呢？恐懼心理是人類面臨的最大敵人，我們可以透過閱讀九十一篇聖經詩篇去進行化解。還有比偉大的聖經詩篇裡的話語，像是「那些沉浸在上帝思想裡的人將會受到全能上帝的庇護」這樣的話語更加讓人感到心安的嗎？

要是我們能夠以恰當的方式去研究與理解聖經詩篇，那麼我們內心的任何恐懼、沮喪或是憂鬱的心理都是可以克服的。請認真思考一下，這對那些深陷絕望境地的人來說意味著什麼。還有比「受到全能上帝的庇護」這些話語更能為我們帶來心靈的寧靜的嗎？

那些接近上帝（善意）的人，那些遵循上帝之愛的人不會對任何事情產生恐懼心理，他們也不會對事情產生過多的焦慮心理，因為他們覺得自己始終受到全能上帝與無限智慧的庇護與保佑。

《聖經》一書裡的一些段落就可以表達富足的生活、健康的身體與力量 —— 乃至所有美好的東西 —— 都是我們可以從上帝的承諾中得到的，只要我們能夠熱愛上帝，信仰上

帝，那麼就必然能夠獲得上帝的這些承諾。

請注意我的話語……對那些找尋他們的人，他們獻出了自己的生命，請賜給他們健康的身體吧。

—— prov. iv, 20, 22

那些等待主的人將會重新恢復力量，他們將能夠乘著老鷹一樣的翅膀飛過高山，他們將會不斷奔跑，不會感到疲憊，他們將會不斷前行，不會感到恐懼。

—— Isaiah Xl, 31

上帝發出了自己的聲音，癒合了子民的傷痛。

—— Psalm cvii, 20

我為你哭泣，你癒合了我。

—— Job xxxiii, 25

我會讓你重新恢復健康，我會癒合你的傷口。

—— Psalm xxx, 2

他的肉體要比兒童的肉體還要具有活力。

—— Job xxxiii, 25

請看吧，我會癒合你的。

—— II, Kings xx, 5

你的光芒就像是早晨的陽光，你的健康將會迅速到來。

—— Isaiah Lviii, 8

我是能夠癒合你傷痛的主。

—— Exodus xv, 26

再也不會有什麼死亡，不會有什麼悲傷、哭泣，也不會有什麼痛苦了，因為這些東西都會徹底消失。

—— Rev, xxi, 4

「任何疾病都不會接近你。」、「安然的回到你的庇護所」（Psalm Xci, 10），這是對每個人的承諾「沉浸在上帝的祕密地方吧」（Psalm xci, 1）。

讓你的心靈遵守我的戒律：在漫長的歲月裡，你都能永保平安。

—— Prov, iii 1-3

當我們深信自己與全能的上帝是結合在一起的時候，當我們意識到自身的健康不能從外部去獲得，而只能從自身的心靈去得到的時候，我們才能對事實的真相有深入的了解。我們無法從外部世界偶爾得到一些零碎的事實，我們自身的心靈就代表著一種事實與原則。當我們明白了這樣的道理之後，就能重新開始真正的生活了。

我相信，絕大多數人都意識到他們本性中有一種能量，如果他們能夠意識到這種能量，就必然能夠找到治癒自身疾病的方法。我們都會有這樣的想法，那就是我們每個人身上都蘊藏著一種神性，這是源於我們的肉體，但卻與肉體本身

無關的。這樣的一種力量最終會讓我們得到救贖，讓我們進入到一種至福的狀態，讓我們重新感覺到自己是上帝的子民。人生的目的就是努力訓練自己成為一個具有創造性思維與生命力能量的人，然後過好屬於自己的每一天。

第九章
為什麼要讓自己變老呢？

「只有當我們的心智放行之後，我們的臉龐才會顯露出歲月的痕跡。心智就是我們每個人的雕刻家。」

「我們可以透過更新自身的思想去更新自己的身體狀況，我們可以透過改變自身的思想去改變自己的身體與行為習慣。」

不久前，紐約州最高法院的一位法官在他七十歲生日的時候自殺了。

「生命的時限：奧斯勒關於生命的定理」的文章在他的屍體旁邊發現了。這篇文章的部分內容是這樣的：

「七十歲 —— 這是上帝賜給每個人生命的期限。在這之後，人類就停止了有效的各種活動，他在地球上的時間也已經足夠了⋯⋯」

這位法官在很長一段時間裡都沉浸在所謂的奧斯勒定理 —— 認為一個人在七十歲之後幾乎就成為了一個廢人，沒有了半點用處 —— 並且還認為這就是《聖經》裡對每個人生命長度的一種限制。這樣的想法牢牢占據著他的心靈，讓他在自己七十歲生日那天結束了自己的生命。

若是將奧斯勒定理放在一邊，《聖經》上談到所謂嚴格意義上的生命年限，無疑會對人類的發展造成極大的傷害。我們都會受到自我強加限制與信念的嚴重影響。眾所周知，很多人都在他們為自己設定的生命年限即將來臨的時候死去了，雖然他們當時的身體依然很健康，但是他們卻認為自己

的大限將至，是時候去見上帝了。除此之外，我們也根本沒在《聖經》裡面找到關於人類生命年限的記載，因此任何人都沒有這樣的權威去進行這方面的設定。很多人都過分執著於《聖經》裡字面上的意思，沒有充分領悟其內在的含義，而是盲目的接受了這種字面上的意思。就《聖經》本身而言，我們完全有理由將人的壽命設定在一百二十歲或是如瑪土撒拉（Methuselah）那樣的高壽（即九百六十九歲）。《聖經》裡根本就沒有談到人類在地球上所活生命的年限。

事實上，《聖經》透露出來的主要精神，就是透過理智與健康的生活方式去過上長壽的生活。這指出了每個人都有責任去過上一種有用且高尚的生活，盡可能的挖掘自身所具有的潛能。所有這樣的做法都是有助於延長我們在地球上的壽命。

要是人們認為造物主會將人類達到成熟時的年齡（大約是三十歲左右）視為人類正常壽命的三分之一的話，這才是一種相對理智的類比。因為在動物世界裡，一些動物的壽命時期是自身成熟週期的五倍之多。難道造物主最偉大的創造都比不上一些低等動物嗎？全能的上帝不會在果樹尚未結果之前就讓其枯萎。

我們並沒有意識到自己在多大程度上成為了自身心靈態度的奴隸，不知道自身的信念對我們的生活所產生的重要影響。毋庸置疑，很多人都是因為一些根深蒂固的想法而縮短

了自己的壽命，他們認為自己無法活到某一個年齡，也許他們設定的年齡就是他們的父母所能活到的年齡。我們經常會聽到一些人這樣說：「我並沒有想著要活到很老，我的父親、母親在很年輕的時候就去世了。」

不久前，一位紐約人在身體完全健康的情況下，對他的家人說自己將會在明年的生日那天去世。在他生日的那天，他的家人都感到非常驚恐，因為他拒絕去上班，說自己肯定會在第二天半夜的時候去世。家人在請來醫生檢查之後，發現他的身體根本沒有任何毛病。但是這個人拒絕吃飯，隨著時間的推移，身體變得越來越虛弱，並且真的在第二天午夜時分去世了。此人相信自己必然會在這一天去世的念頭實在是根深蒂固了，導致他的心靈能量都與生命的能量完全切斷了，最終徹底地切斷了他整個人的生命流動，導致他過早的去世。

此時，若是這個人的想法被某位對他有足夠大影響力的人所扭轉，或是他接受了自己能夠活到很老的念頭的影響，將之前那種死亡的觀念全部取代，那麼這必然能夠讓他活到很老的年齡。

如果你已經說服了自己，或者說這樣的思想已經透過長久的訓練，或是眾多的事實所佐證而變得根深蒂固的時候，那麼你就會顯露出五十歲的痕跡。在你六十歲的時候，你就會覺得自己失去了身體的功能。當你從工作上退下來的時

候，就會覺得自己幾乎毫無用處了，直到你徹底喪失了生活自理能力。如果你認為這個世界上沒有任何力量可以阻擋衰老的過程與痕跡出現在你身上的話，那麼你的確是無法阻止這個過程的。

思想引領一切。如果你心懷著自己容易衰老的念頭，那麼老年很快就會降臨在你身上。如果你心懷著年輕、自我實現等有用的思想，那麼你的身體也會根據這樣的思想發生轉變。衰老首先始於我們的心智。年齡在身體上的展現其實就是年老的思想在我們心智世界裡的一種結果。我們可以看到其他與我們的同齡人顯得那麼蒼老，展現出歲月的痕跡，於是我們就認為現在也是我們展現出同樣衰老痕跡的時候了。最終，我們也的確展現出了這樣衰老的痕跡，因為我們認為這樣的情況是不可避免的，也就讓心靈放行了。這一切都是因為我們的心靈態度與人類習慣性的信念分不開的。

如果我們發自內心的拒絕衰老，如果我們堅持內心年輕的理想，懷抱著充滿希望與活力的思想，那麼年老的痕跡將不會那麼早的顯露出來。

長保青春的祕密就在於我們的心智，而不在其他任何地方。你無法透過單純、透過穿著年輕的服裝去顯得自己年輕。你必須要擺脫各種讓你顯得蒼老的殘餘思想才能做到。只要那些與衰老相關的思想還殘存在你的心靈世界裡，那麼

任何的化妝與年輕的服裝都是無濟於事的，因為這對於你保持年輕的容顏是沒有什麼幫助的。你內心所持的信念必須要牢牢堅守，讓你不斷衰老的思想必須要徹底扭轉過來。

如果我們能夠始終堅持年輕的思想態度，那麼我們就會感覺年輕，我們就已經贏得了這場對抗衰老戰役的一半勝利了。你要肯定一點，那就是你對自身年齡的看法會透過你的身體展現出來。

無論我們的歲數多大了，只要我們能夠懷抱著年輕的心，這對於我們長保青春是很有幫助的，因為我們的身體能夠展現出我們習慣性的情感、習慣性的思想。因此，要是我們深信自己正在慢慢變老，那麼世上任何東西都無法讓我們顯得年輕起來。

沒有比始終保持愉悅、樂觀的心態在遏制衰老方面更加有效的了，更能讓我們保持青春活力的了。因此，我們要保持夢想、理想與希望，保持所有能讓我們過上年輕生命的思想。

我們遇到的一個大問題就是，我們的想像力過早的衰老了。當代人過著緊張忙碌的生活，這樣的生活狀態會讓一個人的心靈變得漸漸僵硬起來，耗盡我們的大腦與神經細胞，從而嚴重影響到我們的想像力。我們應該想辦法隨時保持充滿活力與彈性的思想。現代生活中一成不變的生活習慣，往往會摧毀我們的靈活性與敏感性，讓我們的感知性能力漸漸

退化，最終成為那個之前自己討厭的人。

很多人都以一種過分嚴肅認真的態度去面對生活，他們似乎認為所有的事情都是取決於自身的努力，他們認為生活是為了養家糊口的一種不得已而為之的勞累狀態。最後，他們內心的想法往往會在他們的臉上呈現出來。這些人在人生早年就讓自己的活力漸漸枯萎了，讓皺紋過早的爬上額頭了，他們的思想就像他們的身體肌肉那麼僵硬。

那些剛愎自用、控制欲強的人很容易未老先衰，這因為他們的思想實在是過於僵化，緊繃與不正常了。

那些追求生活中陽光且具有美感的人往往會培養一種安靜的性格，這些人並不像那些喜歡沉浸在生活中黑暗一面的人老得那麼快。

很多人未老先衰的另一個原因，就是因為他們停止了成長。很多人在過了中年之後，似乎都無法再接受什麼新鮮觀念，這實在是一個可悲的事實。很多人在他們年過四十或是五十之後，心靈都會陷入一種停滯的狀態。這也是導致他們未老先衰的一個重要原因。

千萬不要認為自己在社會上打拚多年之後已經成熟起來，就可以停止成長，停止進步，只是因為你的歲數已經增長，就理所當然的認為自己的智慧會跟上歲數。要是你懷抱著這樣的想法，那麼你就會迅速退化。請記住，永遠都不要拋

棄讓自己繼續年輕起來的習慣，你千萬不要說自己再也不能像之前那樣，不能做這件事，或是不能做那件事了，因為這不過是一種心靈態度的展現罷了。你要在精神層面上成為一個少男少女，無論你在這個世界上活了多少年了。你要努力的把持自己，不要讓任何外在的影響使你覺得自己已經漸漸處於一種衰老的境地了。記住，正是那種自我停止成長的心態，那種沉悶的心靈狀態，才讓我們的身體逐漸衰老起來。我們要不斷努力成長，對自己身邊的一切事情都要充滿著興趣。

現在，我們已經明白了一個道理，即若是某人堅信自己在某個時間點會去世，那麼他們這樣的想法就必然會扼殺掉他們的生命活力，讓他們在那個準確的時間點上去世。

如果你想要永保青春，就要忘記過去那些不愉悅的事情，將過去所有會為你帶來不良影響的事情都拋在腦後。最近，有人詢問一位年過八旬的女性保持青春的祕密，這位女性回答說：「我知道如何去忘記那些讓人不愉快的事情。」

那些停止了繼續成長，那些對越來越多事情缺乏興趣的人會漸漸變老，這是一個不可改變的事實。我們的身心健康在很大程度上都要從別人那裡汲取一些養分。任何人都無法人為的將自己孤立起來，任何人都無法讓自己與身邊的同伴隔離起來，因為這樣做的後果必然會讓人的心靈逐漸枯萎。當我們的心智無法去接受新鮮的觀念，當我們始終與那些暗

示著衰老的事物打交道的時候，那麼我們整個人很快就會變得衰老起來。

在這個世界上，沒有比一個人變老更加容易的事情了。這個人要做的事情很簡單，就是不斷的思考著自己正在不斷變老，不斷的認為自己正在變老的事實，並且對衰老充滿了恐懼感，然後拿自己與那些未老先衰的人去進行比較，然後認為自己與那些未老先衰的人是非常相像的。

要是我們始終思考著人生的終點，始終為死亡做什麼打算，始終為老年的到來而進行準備，那麼這其實就是表示我們自己的能力正在慢慢衰減，你正在失去對自己人生的控制力。這樣的思想會弱化我們對生命原則的堅守，你的身體也會逐漸與自身的信念保持一致。

當你相信自身的能量正在不斷減弱，意識到自己正在失去生命的力量，那麼我們的活力就會自然而然的消失。當我們認為老年正在迅速向我們走來，我們的人生活力正在迅速消退，這會對我們的身心功能產生一種嚴重不良的影響。當我們持有這樣一種認為自己年老的觀念時，那麼我們整個人的特質也會逐漸崩潰。

最後的結果是，我們無法利用與挖掘自身具有的抵抗衰老的能量。我們體內那種新陳代謝與不斷自我更新的能量，已經被你長年累月所持的信念所削減了，讓你無法像以往那

樣站立起來，我們也會輕易成為各種身體虛弱疾病的受害者。

我們的心靈態度與加速或是延緩衰老的過程有著莫大的關係。

巴黎的巴斯德研究院（Institut Pasteur）的梅契尼科夫（Metchnikoff）醫生就曾說，人類至少應該活到一百二十歲，我們就是因為自身錯誤的思想、錯誤的生活方式，以及自己正在不斷變老的信念而縮減了壽命。

幾年前，世界醫學界最權威的雜誌《柳葉刀》就刊登過一篇文章，認真詳細的闡述了心智在讓人的身體保持年輕狀態時所具有的作用。一位年輕女人在被戀人拋棄之後，精神變得失常起來。她失去了對時間流逝的任何感知，依然相信自己的戀人會回來。多年來，她一直會站在窗戶邊，看著外面的世界，耐心的等待著對方的回來。七十年之後，一些美國人，其中包括一些醫生看到了她之後，依然覺得她還是一個只有二十來歲的女生。她的頭髮上沒有一根白髮，臉上也沒有什麼皺紋，身上沒有展現出明顯衰老的痕跡。她的身體皮膚還是與一位少女的皮膚相差無幾。這位女性之所以沒有衰老，是因為她的內心始終深信自己還只是一個小女生。她並沒有計算自己的生日，也沒有在歲月的流逝過程中始終懷著憂慮的想法。她始終深信一點，那就是自己依然活在自己戀人離開自己的那個年代。這種心靈的信念牢牢控制著她的

身體狀況。她表現出來的衰老程度與她所持的思想是一致的。她內心所持的信念會在她的外在身體上展現出來，讓她始終保持年輕的容顏。

要是在你年過半百的時候，就認為自己的大腦開始僵化，自己的心靈能量開始衰退，這簡直是對上帝的一種侮辱。你應該始終保持自己年輕的心態。一個人展現出來的老年形象與年輕之間有什麼關係呢？白頭髮、皺紋以及其他展現出衰老痕跡的證據與年輕之間有什麼關係呢？我們應該時刻提升自己的心靈能量，要是能做到這點的話，我們就不會那麼快的衰老起來。不斷增長的只會與能量應該是過上長壽生命的唯一證明，你還能在這個世界上活上好長一段時間呢。力量、美感以及身體的能量，這才是你應該展現出來的，而軟弱、無用或是退化這些，絕對不是一個壽命很高的人所應該展現出來的。

只要你始終認為自己已經六十歲了，那麼你的臉上就會呈現出這樣的模樣。你內心所持的想法會在你的臉上呈現出來，會在你整個人的形象中展現出來。如果你的內心始終懷抱著自己即將變老的想法，那麼你的臉龐自然會展現出這樣的形象。你的身體就是自身心靈世界的公告牌。

另一方面，如果你在內心裡始終認為自己是年輕的、充滿活力以及精力旺盛的話，因為你體內的每一個細胞都在不

斷更新，那麼衰老的情況將不會牢牢控制著你。

如果你想要保持年輕，那麼你必須要避免年輕的敵人。讓人逐漸變老的一大敵人，就是我們逐漸對年輕時期的許多愛好都漸漸失去了興趣，特別是對你在年輕時期喜歡去做的事情完全失去了繼續去做的興趣。當你再也不對年輕人所持的思想與夢想充滿興趣的時候，當你拒絕參與年輕人的體育活動，拒絕與孩子們進行嬉戲玩耍的時候，那麼你就開始漸漸衰老了，你的心靈就開始慢慢僵化了。你內心世界裡的年輕精神開始慢慢凋零，而你年輕時期的美好回憶正在慢慢消退。沒有比我們始終與年輕人打交道更能讓我們保持年輕的心態與形象的了。

不久前，一個年事已高的人被問到是如何保持年輕的容顏時，這個人回答說，他在一所高中擔任校長的時間長達三十年左右，他喜歡與年輕人一道參加體育活動，希望成為年輕人中間的一員。他說，正是這樣的興趣愛好讓他的心靈始終處於一種年輕的狀態，過上了上進的生活。根據他的說法，年老的思想根本就沒有進入他內心深處的機會。

在這個人說話或是表達思想的時候，我們都根本聽不到他談論任何關於年老的話題，他始終展現出充滿活力的一面，正是這樣的活力讓他整個人顯得精神煥發，神采奕奕。

在我們的內心世界裡，必然存在著一種永遠都不會衰老

的活動。「不斷成長，否則你就會死去。」這就是大自然的座右銘，這個座右銘幾乎在宇宙的每一個事物中都得到了鮮明的呈現。

我們要牢牢堅守自己的信念，那就是你完全有權利保持年輕的狀態。你要不斷的向自己重複一點，那就是，讓自己在容顏上展現出蒼老的形象是一種錯誤的行為，因為在造物主的計畫當中，展現出任何形態的衰老與軟弱的形象都是不能接受的，衰老的形象是不符合上帝在創造人類時的設想。因此，我們人類肯定會被灌輸了一種錯誤的思想觀點，正是每個人持有一種錯誤的思想與行為方式，才導致了許多人未老先衰。

我們要時刻這樣提醒自己：「我感覺很良好，我始終都會保持年輕的心態。我絕對不會因為內心懷抱著一些衰老的想法而讓自己變得衰老起來。造物主希望我能夠繼續成長，能夠繼續前進，成為一個更好的人。我絕對不能允許任何外在的影響對我進行欺騙，讓我無法得到這種與生俱來的青春狀態。」

如果有人對你這樣說：「你看上去也有一把歲數了。」或是「你開始有點顯老了。」那麼你要對自己說：「上帝賜給我們每個人的原則是不會變老的，真理是永遠都不會變老的，我就是代表著這樣的原則，我就是代表著這樣的真理。」

在入睡之前，永遠不要讓心靈的世界裡懷揣著衰老的圖像或是思想。在晚上入睡之前，讓自己感覺到自身的年輕，

消除所有衰老心理、信念以及其他方面的痕跡，將內心世界
裡的每一種煩惱與不安都全部趕走，不讓這些不良的心理圖
像在你的心靈世界裡扎根。憂慮的心理會很自然的在一個人
的臉上呈現出來，並且讓我們的大腦產生一種毒素，讓我們
的皮膚與細胞變得僵硬。

　　在你入睡之前，應該牢牢堅守那些對你心智世界最有好
處的想法與願望，懷抱著你想要去努力實現的目標與夢想。
因為在你入睡的時候，你的心智世界依然在繼續工作，這些
思想與願望就會不斷得到強化與增強。眾所周知，不純潔的
思想與願望會為我們帶來嚴重不良的影響。而純潔的思想，
高尚的目的以及最高階的目標，則應該始終在你入睡的時候
占據你的心靈。

　　當你在第二天早上醒來的時候，特別是如果你人到中年
或是之後的年齡，更要盡可能鮮明的想像自己所擁有的各種
年輕時期的特質。你可以對自己說：「我現在依然很年輕，我
始終都會這麼年輕，這麼強壯，這麼充滿活力的。我不會變
老，身體也不會逐漸衰退，因為關於我的真理就是我是具有
神性的，而這樣神性的原則是永遠都不會衰老的。只有我心
靈世界裡那些不良的思想以及那些我虛構出來的想法，才會
讓我的身體顯露出衰老的痕跡。」

　　重要的一點，就是盡可能讓我們的心智創造出年輕時期

的模式，而不是陷入到一種衰老的模式。正如雕刻家會按照自己心靈的想法去雕刻畫像，同樣的道理，生命也會按照我們的思想以及自身的信念而不斷的延伸與呈現出來。

我們必須要擺脫自身本性中那些根深蒂固的想法，即若我們活得越長，那麼我們的人生經驗就越多，我們就能做更多的工作，最終不可避免的出現身體退化的情形，最終變得衰老與無用。我們必須要明白一點，那就是好好的生活、好好的體驗人生，這是絕對不會消耗人生的能量，而只會創造出更多的生命能量。正是基於這樣的法則，行動才會創造出各種能量。你到底是從哪些人身上得到做越多的事情，人就會衰老得越快這樣的道理的呢？

事實上，自然已經給我們每個人長保年輕的能量，賜給了每個人不斷更新自身能量的力量。我們身體內的每個細胞都是絕對不會處於衰老的狀態，我們的身體總是透過細胞的自我更新而處於一種最佳的狀態，那些最活躍最具生命力的細胞，會取代之前那些缺乏生命力的細胞。說我們每個人都必須要遵循自然的衰老規律，這是虛構的，也是違背自然的。

生理學家告訴我們說，某些肌肉組織的細胞是每隔幾天就開始更新的，其他的一些細胞則是要經過幾個星期或是幾個月才會更新一次的。骨頭的細胞自我更新的速度則更加緩慢。但是，一些醫學權威則估算，一個人體內百分之八十到

百分之九十的細胞在正常活動的狀態下，都是需要在六個月到二十四個月之間更新一次。

科學家們充分證明了一點，那就是身體分泌出來的化學物質與我們保持年輕的容顏是有著莫大的關係。我們內心世界裡的每一種不和諧的想法都會在細胞裡造成某些化學改變，引入其他外來的物質去改變原先的運轉方式，從而對細胞的完整性造成傷害。

衰老使我們留下的印象就是以這樣的方式進入全新的細胞裡。這樣的印象其實就代表著一種思想。如果這樣的思想代表著衰老，那麼衰老痕跡就會進入我們的細胞裡面。如果年輕的精神始終控制著我們的思想，那麼給細胞的印象同樣是年輕的。換言之，導致衰老的過程必然是要透過心智的方式去進行的。構成身體的數十億計的細胞，會受到每一種經過大腦思維的思想帶來的影響。

將衰老的思想灌輸到全新的細胞群裡，這就好比將新酒裝入老瓶子一樣。這種情況是不會相容的，這兩者是天生的敵人。最後導致的結果是，兩年壽命的細胞看上去彷彿有五十、六十或是更大的年齡。這一切都取決於我們自身的想法。衰老的思想在讓全新的細胞看上去衰老的這方面，有著神奇的功能。

所有不和諧或是不良的思想，都會從物質層面上影響到

身體的重構以及自我更新的過程，這一切都是發生在我們體內的。因此，對我們來說，重要的是要形成良好的思想習慣，讓自己的行為與身體自我更新的法則保持一致 —— 只有這樣才能讓我們始終保持年輕。

強硬、自私、憂慮與恐懼的思想以及各種不良的行為習慣，都會讓我們顯得蒼老，加速我們衰老的過程。

悲觀主義精神是我們保持年輕的最大敵人。悲觀主義者之所以未老先衰，就是因為他們的心靈世界裡充斥著各種陰暗、不和諧以及有害的思想。這些悲觀主義者並不尋求進步，並且沒有追求著年輕的心態。這些人總是向後退。然而，這樣的倒退對於我們想要保持年輕的形象會產生致命的打擊。內心充滿陽光、內心充滿希望，這才有可能讓我們獲得年輕。

任何不正常的思想都可能會讓我們處於年老的狀態。要是人們整天憂慮，沉湎於色慾當中，那麼任何的化妝品或是權宜的手段，都無法讓他們消除身上衰老的痕跡，這樣的人也是無法保持年輕狀態的。心靈的過程會製造出各式各樣的東西，其中有好的，也有壞的，這一切都取決於我們心靈所處的模式。

自私是一種不正常的心靈狀態，很容易讓我們的心靈變得僵硬，讓我們的大腦與神經細胞都處於一種無法釋放自身能量的狀態。對於我們來說，要想獲得快樂就必須要去做好

事，而快樂的心態對於保持年輕的狀態是非常重要的。自私的心態則是幸福的敵人，因為這違背了我們自身存在的基本原則 —— 公正與公平等原則。我們必須要努力對此發出抗議，我們需要發自內心的鄙視這些思想，不要因為自己去做這些事情而輕視自己。自私的心態並不會讓我們獲得健康，感受到內心的和諧，也不會感受到身心健全的狀態，因為自私的心態並沒有與我們自身存在的基本原則保持著一種和諧的狀態。

對很多人來說，衰老總是會讓他們感到無比恐懼的，因為他們覺得衰老會讓他們失去之前舒適的生活，讓他們的人生變成一種悲劇。他們覺得，要是能夠永遠保持年輕的話，這就可以讓他們的內心永遠感受到開心與幸福了。

很多富有的人其實都並沒有真正的享受財富帶來的樂趣，因為他們總是用一種不好的心態去面對，認為自己終有一天不得不要拋棄所有這些財富。

任何一種不和諧的思想都會縮短我們的生命。

只要你思考著衰老、嫉妒、嚴苛等思想的話，那麼世界上任何的東西都無法阻擋你走向衰老的腳步。只要你還心懷著與年輕相反的心態，那麼你是無法保持一種年輕的狀態。衰老的思想 —— 那些古板定型的思想 —— 對我們的成長都是有害的，任何阻止我們成長的事情都會加速我們衰老的過程。

任何占據你心靈世界的思想都會始終發生變化的，因此

從外界進入到你心靈世界裡的想法，都會進入你的細胞生命，深刻的影響著你的內在，然後透過你的外在容貌展現出來。如果你的內心始終懷抱著長久青春的想法，讓自己的身體始終處於持久煥發的狀態，並且讓這樣的想法牢牢占據自己的心靈，這就會有助於緩解衰老的過程。我們的身體會根據內心所持的主導思想、主要動機以及情感而發生改變，最後在我們的容貌上呈現出來。比方說，一個人總是處於擔憂狀態，為一些瑣碎事情而坐立不安，讓自己成為內心恐懼的受害者，這些心態都必然會在他們的身體上呈現出來的。在這個世界上，沒有任何東西能夠阻擋這樣一個僵化衰老的過程，而只有完全扭轉自己之前的想法，讓以此相反的思想進入心靈世界才能做到。心智對身體產生的作用始終都是具有科學性的，這可以說是一種必然的規律。

在身體的每一個細胞裡面都潛藏著一種健康的能量，這樣的能量可以讓身體的細胞處於一種和諧狀態，並且讓細胞保持一種完整性，但前提是我們需要擁有正確的思想。細胞裡潛藏的這種健康能量，可以透過正確的思想以及生活方式去進行培養，從而有力的延緩衰老的過程。

培養這種能量的最為有效的一種方法就是保持一種愉悅與樂觀的態度。只要我們的心靈始終面向著生命中陽光的一面，那麼陰影就只能落在我們身後。

你要始終抬頭挺胸，讓自己像一盞燈，點亮自己年輕時期的夢想——感受自己的力量、活力、希望與期望。你要始終堅持這樣一種思想，那就是你的身體不過是過去兩年的產物。在你的細胞裡，也許沒有一個細胞存在的時間是超過一年或是一年半的。這就是你能永保年輕的一種方式，因為你身體的細胞始終都會進行更新的。因此，你看上去精神煥發，越來越年輕也就是理所當然的事情了。

　　你要時刻這樣提醒自己：「如果大自然每隔幾個月就讓我擁有全新的身體，如果身體的細胞每隔一段時間就會進行更新，如果我們身體上最古老的細胞也只不過最多是只能存在兩年的時間，為什麼我們會在六十歲或是七十五歲的時候要顯得那麼蒼老呢？」壽命只有兩年的細胞絕對不會像壽命已經七十歲的細胞那麼蒼老，但是我們從過往的經驗可知，衰老的思想會讓這些年輕的細胞顯得非常蒼老。如果我們身體始終保持一種年輕的狀態，那麼我們始終都會保持年輕的狀態。如果我們不透過人為的方式替自己烙下衰老的痕跡，那麼我們是不會出現未老先衰的情況。我們這些美國人都是極為擅長將年老的思想加在那些全新的細胞組織當中。可見，養成年輕的思想習慣與培養年老的思想習慣是一樣簡單容易的。

　　如果你始終保持年輕的心態，那麼你就必須要了解自我更新、自我提升以及自我進步的祕密，將這些方法運用到你

的思想與工作當中。嚴苛的思想，過分嚴肅認真的思想，心靈的困惑，過度的興奮、焦慮、不安以及嫉妒，過度沉湎於自身的激烈情感，這些行為都會縮短我們的壽命。

你將會發現培養一種相信身體每一個細胞都是健康的信念，這會為你帶來多大的提升作用。我們都意識到一點，那就是我們每個人身上都有某種東西是永遠都不會生病與死亡的，正是這些東西讓我們與神性的東西產生關聯。當我們始終堅持這種偉大真理的意識時，就會產生一種神奇的治癒影響。

一些人天生似乎就擁有了這樣一種能力，他們總是能讓自己顯得那麼年輕的。他們似乎不會感到疲憊或是對手頭上的工作感到困乏，因為他們的心智始終都在進行著更新。他們能夠進行自我調節與自我更新。為了防止未老先衰的情況，我們必須要讓年輕時期的形象展現出其自身的美感與榮耀，並且讓這樣的印象深深的刻在我們的心靈世界裡。除非我們能夠感覺到年輕所帶來的力量與美感，否則就很難展現出年輕的容顏與保持年輕的心態。

絕大多數人都沒有意識到一點，那就是年老的思想會像一把鑿子緩慢的在我們的額頭上刻下皺紋。這些人所懷抱的年老思想不過是對體內那些年輕的細胞進行烙印，從而讓人們看上去就像是四十歲、五十歲、六十歲或是七十歲那麼老。

請記住，永遠都不要認為自己正在慢慢變得蒼老。如果

你感覺到自己似乎在慢慢變老，你要時刻的進行這樣的自我肯定：「我感覺很年輕，因為我的身體始終都在進行更新。我的生命在每時每刻都因為全能的上帝賜給的力量而變得更加年輕。每天早上，我都是一個全新的人，每天晚上，我都能感覺自己正在變得越來越年輕，因為我能夠好好的活著，好好的工作，我對全能的上帝充滿了敬畏之情。」我們不僅要在心靈的世界裡對此進行自我肯定，而且還要盡可能的在言語上進行這樣的自我肯定。你要讓這種永遠年輕、時刻提升自我的想法變得極為鮮明，讓整個身體都能夠感受到一種青春的活力。請記住，你自己內心的感受以及你所相信的東西，最終都會在你的身體上得到展現。如果你認為自己正在慢慢變老，如果你像一個老年人那樣走路、說話、穿衣與行動，那麼這樣的情況必然會透過你的外在形象、臉龐、行為舉止以及身體等方面得到展現。

　　培養年輕的思想應該是一種生命的習慣。

　　你要牢牢堅守這樣的思想，那就是關於你自身存在的真理是永遠都不會變老的，因為這代表著一種神性的原則。你需要想像自己體內的細胞在每隔一段時間之後就會變得年輕，並且讓這樣的思想時刻鐫刻在自己的心靈深處。你要讓自己的心智始終保持永遠年輕的形象，那麼所有衰老的思想以及衰老的信念就無法對你產生任何不良的影響。

培養這種全新的年輕思想習慣會幫助你趕走衰老的思想習慣。如果你能夠感受到自己的身體每隔一段時間就會得到更新，那麼你就能讓自己的身體經常處於一種年輕與充滿活力的狀態。

　　年輕思想所具有的力量在保持高尚的理想以及純潔的情感方面具有強大的作用。當人們始終都在追求著某些更加高尚的目標時，這樣的精神就不會讓他們衰老起來，因為這樣的思想會讓他們不斷去追求更高的自我。長時間沉浸在高尚的思想世界裡，這是讓我們保持年輕的重要方法。只有當心靈處於一種停滯狀態時，人們才會容易變老。

　　我們的生活應該始終充滿著歡樂。年輕與歡樂應該就是一個同義詞。如果我們不知道如何去享受生活的話，如果我們沒有感覺到生活的樂趣，如果我們沒有將自身的工作視為一種莫大的榮幸的話，那麼我們就很容易未老先衰。

　　你要始終以一種積極樂觀的心態去生活。你要努力去追求自己的理想，那麼衰老的過程就不會將你牢牢控制，讓你成為俘虜。正是我們的理想才讓我們變得年輕。當我們經常思考著衰老，其實就意味著我們思考著軟弱、退化以及不完美的思想。當我們思考著衰老的思想，就意味著我們沒有去思考一種完整與充滿活力的人生狀態。每當你認真思考自己的理想時，這其實就是在思考著自己的年輕、健康與活力的

思想。我們每個人都要懷抱著健康的思想，我們要感受到青春的精神與希望，因為當你有這樣的感想時，這樣的思想就會經過你的身體。當我們看到一些在體型層面上最能代表人類最完美的一面時，那在很大程度說明了這些人也是具有健全的心智。

很多煉金術師長久以來都想透過化學的方式去找到保持青春的祕密，最終我們發現這個祕密就在於我們自身。祕密就在於我們自身的心靈世界裡。只有當我們始終保持著正確的思想時，才有可能持久的提升自己。我們認為自己有多老，我們就會呈現出多老的狀態，因為正是這樣的思想與情感才改變了我們的容顏。

我們需要去將美好的思想添加到我們的心靈世界裡，感受到生活的美好。我們應該為自己設定一些具有美感的思想，在想像中多去感受一些美好的事情，這是有助於我們保持年輕的。

我認為，沒有比愛意的思想在破解年老的狀態這個問題上產生更大的影響力了 —— 這其中就包括我們對自身工作的熱愛，對同事的熱愛以及對世間萬物的熱愛。

愛意是世間最具力量的生命提升者與創造者。愛意能夠喚醒我們內心最高尚的情感，將我們最好的潛能都激發出來，讓我們成為具有最好品質的人。

你要試著去發現與感受靈魂深處的東西，嘗試看到別人身上的美好一面。當你去思考一個人的時候，記住要在心靈裡記住這個人最好的一面 —— 這就是上帝賜給他最美好的品質 —— 而不是要將其看成是可憐、軟弱與物質的生物，因為這樣的想法會滋生出邪惡與不良的生活方式。這種緊緊追隨自己夢想的行為習慣不僅對別人是有幫助的，對於我們自身的成長也是大有幫助的。無論在何時何地，你都千萬不能去貶低自己，看到自己的軟弱之處，而應該始終堅持自己的最高思想。在其他情況都完全相同的情況下，只有那些心智最為純潔與美好的人才能擁有更長的壽命。

　　和諧、內心的平和與安靜，這對於我們長保年輕的狀態是非常有必要的。所有的紛爭，所有不平衡的心理活動，都會加速我們的衰老過程。當我們對上帝永恆的真理進行沉思的時候，就會不斷的豐富我們的理想，拓展我們的人生，因為這樣的思想會摧毀一切恐懼、不安以及憂慮，為我們的生活帶來諸多的安定與平穩。

　　只有當我們懷抱著錯誤的思想，過著放縱的生活時，衰老的狀態才會存在我們那些已經退化與僵化的細胞裡面。沒有節制的激情與暴怒的情緒會迅速的消耗細胞的能量。

　　那些過著有意義的生活，做著圓滿的工作以及不斷追求成長的人都能保持年輕的容顏。相比於始終懷抱著衰老的思

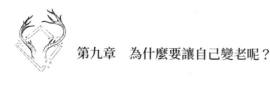

想習慣，我們同樣很容易保持年輕的心態。

不斷增長的能力與智慧，這應該是我們長時間活在這個地球之上唯一的表現方式。在我們五十歲、六十歲甚至是七十歲的時候，更應該做到更好。如果我們的大腦處於一種活躍、年輕的狀態時，那麼大腦細胞就不會因為過度勞累的生活而過早失去活力，也不會因為憂慮、恐懼、自私以及疾病而失去其往日的能量。我們的心智始終能夠增強自身的能量與活力。

如果我們深信一點，即生命的過程會讓我們永保青春，而不是逐漸衰老，那麼我們就必然會遵循這樣的指引。事實上，正是人們之前罪惡的行為，加上真正生活的物質，才讓他們還能活到六十歲。這是一百年前的人們的一般壽命。但是，現在的人們絕對不能讓這樣一種思想限制住我們的想法。

全能且仁慈的造物主在創造我們的時候，絕對不會讓我們盼望著更加長壽的生命，也不會讓我們時刻希望保持年輕，因為這是人類本該能做到的。事實上，許多人對於人類短暫的壽命與自身使命的無限沉重與複雜的程度進行感嘆，認為人類根本沒有什麼真正的機會去完成這些使命。人類都希望能夠活得很長壽，這其實與所有其他動物的希望都是一樣的。所有這些情況都指向一個事實，那就是人類不僅本來就該過上長壽的生活，而且還應該擺脫年老出現的軟弱與各種行動不便的情況。

人類神奇的身體結構根本就沒有任何一絲的證據可以證明，人類在過了某個年齡階段之後就必然會變得身體軟弱或是行動不便的。相反，我們的身體結構都始終只想著一個更為完整宏大的為人品格，讓我們擁有更加強大的力量。在造物主的創造過程中，是絕對不會創造出一個軟弱且毫無用處的人。物種的退化違背了造物主的所有原則與法則。進步、持續的前進與成長，這才代表著人類存在的真理。造物主從來都不會製造出任何讓人倒退的東西，因為這與神諭的原則是相違背的。我們身上的每一個原子都在不停的表達著「努力向前，繼續向前」的呼喊。想像一下，造物主是根據自身的形象去創造出人類的，就絕對不可能讓人類只有一段很短的精力充沛的時間，之後就要陷入倒退，處於行動不便或是毫無用處的狀態！上帝絕對是不會根據這樣的想法去創造人類的。上帝在創造人類的時候，早已經將持續的進步、永遠的成長烙在每個人身上。在上帝的造物計畫裡，就根本沒有什麼後退的情況，有的只是不斷前進，直到永恆，朝著一個神性的目標不斷進發。衰老、無助的老年男女，這其實是對上帝創造出來的人類的一種褻瀆。上帝對人類的期望絕對不是逐漸退化或是向後退的，而是永遠的前進，永遠朝著神性的目標前進。如果人類能夠稍微明白這樣的道理，知道這些道理是具有神性的，明白這樣的神性是永遠都不會後退，也

不會變老的話，那麼他們就會拋棄所有的恐懼與憂慮感，將
所有阻擋他們進步與幸福的心靈敵人全部趕走，那麼整個衰
老的過程就會停止下來。

　　未來的人們將不會像現在的人這樣變得這麼蒼老。人類
發展的傾向將會變得越來越年輕。

　　我們終將會明白這樣一個道理，那就是老年其實根本就
是不存在的，這是對一個真正意義上的人的一種消極與純粹
的虛構。那些會凋零的玫瑰其實不是真正的玫瑰。真正的玫
瑰代表著一種理想 —— 那就是每當我們將凋零的花朵摘下來
之後，全新的花朵就會盛開出來。

　　真正的人符合上帝造物的理想。在全新的時代裡，人們
終將會明白這樣的道理。人們將會了解真理，而這樣的真理
會讓他們獲得自由。在那個全新的時代裡，人們將會將所有
限制他們發展，讓他們衰老的思想桎梏全部消除掉，擺脫數
百年來的思想束縛，重新挺直腰板，成為一個完美的人，一
個理想的人。

第十章

自信的奇蹟

第十章　自信的奇蹟

如果說有什麼樣的信念能夠搬動高山的話，這肯定是我們對自身能量的信念。

—— 馬里‧艾伯納－埃申巴赫

「我們不能成為命運的受害者，我們可以改變自身的命運，並在很大程度上決定我們自己的未來。」

「你的理想就是對你最終得到的現實的一種預言。」

米拉波（Mirabeau）曾這樣說：「如果我們不能在任何地方任何事情上獲得成功，那又怎能稱自己為真正的人呢？」在這個世界上，沒有比你相信自己能夠完成偉大的事業，實現自己的偉大的目標，相信自身神奇的潛能更加重要的事情了。你要將任何一個動搖你對自身信念的人都視為你的敵人，將任何不相信你有足夠能力去實現你的理想的人都視為敵人。因為當你失去了自信，也就同樣失去了自身的能量。你所獲得的成就永遠都無法超過你對自己的信念。要是拿破崙對手下的士兵們說，阿爾卑斯山脈實在是太高了，要想翻越過去幾乎是不可能的事情，那麼他的士兵也會覺得他這話是非常合理的。要是你對自己存在著自我懷疑，對自身的能力抱著一種恐懼的心態，那麼你是絕對無法有所成就的。

文明的奇蹟就是由許許多多的自信的男女創造出來的，這些人始終對自己能夠完成一些事業的能力充滿了信心。要是沒有這些自信男女的決心，沒有他們在找尋自己真正相信

的事情的堅忍不拔，沒有他們相信自己的能力，沒有他們認為一切不可能或是不可能完成的事情都是不存在的豪情壯志，那麼人類的歷史還要倒退數百年。

要是你對成功缺乏期望，缺乏對成功孜孜不倦的追求，那麼你又怎麼可能追求到成功呢？要想獲得成功，你首先就要對自己充滿了自信，否則你想要的成功永遠都是水中花，鏡中月。在上帝創造出來的世界系統以及最高的法則裡，是根本不存在一絲運氣的成分。任何事情的發生都必然是有其道理的，而且還是有其充分的理由 —— 這個理由在很大程度上就決定了最後的結果。小溪的流水的高度是絕對不可能超過去源頭的。偉大的成功必然是源於我們對成功熱切的期望，對自身能力的無比信任，並且持之以恆的去加以努力。無論我們擁有多少的能力，無論我們具有多大的天才，無論我們接受了怎樣的教育，一個人所獲得的成就都是絕對不會超過他的自信程度。那些認為自己能夠做到的人往往都能夠做到，而那些認為自己不能夠做到的人幾乎是絕對無法做到的。這是世界上一個毋庸置疑的法則。

其他人對你、你的計畫以及目標有著怎樣的看法，這其實都不是很重要。如果他們將你成為幻想家、夢想家或是天方夜譚之人，這些都沒有關係，但是你必須要相信自己。當你失去了自信之後，其實就將自己拋棄了。無論在任何時候，

永遠都不會讓任何人或是任何不幸的遭遇動搖你對自己的信念。你可能會失去屬於自己的財產，失去健康的身體、自己的名聲或是別人的信任，但是只要你能保持對自己的信念，那麼你就還有最後一絲希望。如果你永遠都不曾失去希望，而是堅持不斷前進的話，那麼這個世界遲早都會為你讓路的。

一名士兵曾經要將一封急件送到拿破崙手上，因為他實在是太趕路了，他所騎的馬在他將急件送到之前就倒下了。拿破崙得到這封急件，看了之後遞給這位送信的士兵，要求他騎上自己的馬匹，以最快的速度將這封信送回去。

這位士兵望著那匹高大的馬匹，不禁心生恐懼的說：「將軍，不行的，這匹馬實在太大了，一般的士兵根本就駕馭不了。」

拿破崙說：「對一名法國士兵來說，沒有什麼是太高大或是太偉大以致無法駕馭的。」

這個世界上充斥著許多像這位可憐法國士兵的人，他們認為某些人實在太好了，根本就不適合自己，認為自己的地位卑微，根本就不適合某些東西。他們並沒有像那些「更加幸運」的人那樣去期望事情。他們沒有意識到這樣的心靈態度會嚴重弱化他們的鬥志，讓他們處於一種自我貶低的狀態。這些人沒有對自己有更高的要求，沒有抱著足夠強大的期望。

如果你對自己沒有什麼要求，那麼你永遠都成為不了巨

人。如果你只是對自己有小小的期望，那麼任何法則都無法改變你這樣的渺小的思想，從而讓你變成一個巨人。任何雕像都是按照雕刻家的思想去雕刻出來的。這樣的模型就是我們內在的願景。

絕大多數人從小就被灌輸了他們不該得到這個世界最美好的東西的念頭，認為生活中那些美好與善意的東西並不是為自己準備的，而是為那些擁有財富的人準備的。他們在成長的過程中就深信自己是低人一等的。當然，在他們將人人平等以及自己是有用的想法視為與生俱來的一種權利時，他們都無法擺脫低人一等的心態。很多男女其實都有能力去做一番大事業，但是他們卻只能做著一些小事，過著平庸的生活，因為他們沒有對自己有過高的期望，也沒有對自己有太高的要求。他們不知道如何將自己自身最大的潛能激發出來。

人類作為一個整體，之所以尚且未能充分釋放出自身的潛能，尚未完全展現出其許下的承諾的原因，以及我們到處看到很多有超群能力的人卻做著平庸的工作的原因，就在於人們沒有充分看重自己所具有的能力。我們沒有意識到自身所具有的神性，沒有意識到我們是整個宇宙整個無限事業的一個部分。

我們沒有對自己與生俱來就擁有的一系列權利有著充分的認知，也沒有了解到我們想要到達的高度，也沒有想過要

出人頭地，更是不知道我們該在何種程度上去控制自己。我們沒有意識到自己可以是自身的命運，我們可以去做自己想要去做的事情，讓我們成為自己想要成為的人。

「如果我們選擇只是成為一塊泥土的話，」瑪麗‧科雷利（Marie Corelli）說，「那麼我們就只能成為一塊泥土，被那些勇敢之人的雙腳踩踏過去。」

要是你始終認為自己不如別人優秀，要是你認為自己是一個弱者或是低效的人，那麼這樣的想法會將你整個人的人生標準都降好幾個層次，也會嚴重影響到你自身能力的釋放。

一個自力更新、心態積極、為人樂觀的人在做事情的時候，會散發出一種成功的氣質，讓周圍的人都往自己這邊靠攏。這些人可以充分的兌現這句話的意義：「每個人想要得到什麼，就必須要想像自己已經得到了。」

扮演好真正屬於我們的角色，並且忠誠的這樣做，這是最重要的。如果你有著去做大事的雄心壯志，那麼你就必須要為自己制定一個更大的目標，並且充分承擔起這樣的角色。

那些對自己有著真實且較高評價的人自然會散發出某種氣質，這些人相信自己能夠獲得最終的勝利。他們展現出來的外在形象就在告訴世人，這場戰鬥其實已經勝利了一半。

那些精力充沛、無比自信的人所做的事情，往往是那些自我貶低、心態消極的人無法做到的。

　　我們經常會聽到人們這樣談論一個人：「他所做的一切事情都能獲得成功。」或是「他所做的每一個生意都能賺到錢」。這些人展現出來的品格力量以及他們思想迸發出來的創造性能量，就是他們成功的關鍵。這些人能夠在逆境中依然獲得成功。自信能夠幫助你收穫更多的自信。一個人要是散發出勝利的氣質，那麼他們就能散發出自我肯定的氣息，這樣的氣場也會帶給別人更多的自信，讓他們也同樣能夠去做他們想要完成的工作。隨著時間的推移，他們不僅會受到自身思想的鼓舞，而且還能夠讓每個了解他們的人都深受鼓舞。他們的朋友與熟人都會認為他有足夠的能力獲得成功，這會讓他們比之前更加容易獲得成功。這些人展現出來的鎮定、從容、自信以及能力，都與他們所能獲得的成就是成正比的。正如野蠻的印第安人認為每個被征服的敵人的能量都會進入他們的身體。在現實世界裡，無論是在戰爭、和平的工業時代、商業、發明、科學與藝術等方面的征服，同樣會增強我們征服接下來目標的能力。

　　我們要下定決心，確定明確的目標，懷著無比堅定的信心與勇氣，除非你最終達到了這個目標，否則地球上發生的任何事情都絕對不能動搖你的信念。

對自身所具優越性的肯定，對自身所具能量的信任，對自身信念的無比肯定，將成功視為我們與生俱來不可分割的權利的心靈態度，這將會增強我們整個人的能量，讓我們有足夠的能量去克服自我懷疑、恐懼以及缺乏自信的情況。

自信就是我們內心「軍隊」中的拿破崙，這會大大增強我們在其他各個方面的功能。我們的心靈軍隊都在時刻等待著自信心給予前進的指引。

即使是在賽馬比賽裡，若是一匹馬失去了對自己的信心，那麼牠也是不可能獲得比賽最終的勝利。勇氣源於自信，只有自信才能將我們的潛能完全釋放出來。

很多人之所以失敗的一個重要原因就是，他們沒有全身心的投入到自己的事業中去，沒有最終必勝的信念。他們並沒有破釜沉舟的勇氣，不敢將自己的後路徹底切斷。他們對於盡了最大努力之後是否能夠獲得成功的事情感到不確定，這就是與全身心投入到事業中去之間的差別，這也是平庸與偉大成就之間的差別。

如果你懷疑自己去實現目標的能力，如果你認為別人要比你更加適合某個位置，如果你擔心會讓自己失望，不敢冒險的話，如果你失去了勇氣，如果你有著羞澀與遇到事情就躲避的性情，如果你的話語中總是說著消極的話，如果你缺乏主動性，為人不夠積極的話，那麼你將永遠都一事無成，

除非你能夠改變這樣的心靈態度，學會如何對自己充滿自信。恐懼、自我懷疑與羞澀的情感都必須要從你的心靈世界裡徹底消失。

你對自己所設定的心靈圖像，能在很大程度上展現你以及你自身的潛能。如果你不敢去拓展自己的心智，缺乏果敢的精神，缺乏對自己堅定的自我信念，那麼你將永遠都無法有所成就。

一個人的自信程度決定了一個人釋放自身潛能的程度。一條小溪所處的高度永遠都不可能高於其源頭。

能量在很大程度上取決於我們內心強大、持久的思想加上堅定的目標所帶來的產物——最終幫助我們實現人生的偉大目標。這就是能量的發源地。

我們所做出的一切行為，首先都會在我們的思想裡出現過，否則這永遠都無法成為一個事實。我們對自身想做事情所懷抱的強大信念，這是我們採取行動的第一步。要是我們因為恐懼而產生一些想法，那麼這些想法在執行起來也必然會遭遇許多挫折。我們首先要在概念層面上進行強有力的自我肯定，才有可能使之最終執行起來，否則這是不可想像的。

這個世界上所有偉大的成就都是始於我們內心的願望——這其中就包括我們在絕望時期所孕育的夢想與各種希望。這樣的盼望會讓我們始終保持強大的勇氣，讓我們更願

意做出自我犧牲，直到我們長久以來的夢想 —— 心靈的願望 —— 最終變成現實。

「你有怎樣的信念，你就能成為怎樣的人。」我們的信念在很大程度上決定了我們能從生命中得到什麼。一個信念軟弱的人必然無法得到多少，一個擁有強大信念的人則能夠得到許多。

你對自身能力的相信程度，這必然會與你獲得成就的程度成正比的。

如果我們認真研究許多白手起家的人的成功故事，就會發現當這些人步入社會之後，都是充滿著自信的，他們的內心始終對自身完成事情的能力充滿了自信，認為自己能夠非常圓滿的將事情辦好。他們的心靈態度牢牢的盯著他們要實現的目標之上，不讓任何的自我懷疑態度以及恐懼的心理阻擋著我們前進的腳步，不讓任何人降低他們對自身的期望。他們懷抱著自信，不擔心別人怎麼說怎麼看，而是選擇奮勇向前。這些人會讓全世界都為之讓路。

我們都會傾向於認為，在各行各業裡有著突出貢獻的人都是少數幸運兒，而絕大多數人注定是無法出人頭地的。但是，他們的成功其實代表著他們對自身的一種期望 —— 這其中就包括了他們的創造性思想、積極的心態以及良好的習慣。他們所獲得的成功正是他們的心靈態度的一種外在表

現，然後在他們所處的環境中展現出來。他們創造出了他們想要的東西，這一切都源於他們內心富於建設性的思維，以及他們對自身能力所持的那種堅不可摧的信念。

我們不僅需要相信自己能夠獲得成功，而且還要全身心的相信這個事實。

我們必須要懷著一種積極的信念，那就是我們必然能夠獲得成功。

若是我們以一種冷漠的態度去面對事情，或是用一種不冷不熱的態度去做事，這是永遠都無法有所成就的。在我們的期望、決心以及動力當中，必須要有一種強大的力量在背後支撐著。我們必須要下定決心，完成自己需要去完成的事情。

我們不僅要將自己完成事情的期望調到最高的狀態，而且還要集中自己所有的能量到我們的目標上。

只有足夠的熱量融化鋼鐵，使其能夠做成各式各樣的形狀，同樣的道理，只有足夠強大的電力才能夠熔解鑽石──這種地球上最堅硬的物質。因此。只有當我們懷抱著極為專注的目標，有著戰勝不可的願景，那麼我們就必然能夠獲得最終的勝利。要是我們對什麼事情都是三心二意的話，就永遠都無法獲得成功。

　　很多人在自己的人生中展現出了極為悲哀的一面，他們所做的一切事情都沒有展現出自身的力量與活力。他們的決心就像是一陣風那樣，很容易被吹散。他們所做的一切努力都缺乏一種固定的力量，他們在實現目標的過程中缺乏足夠的毅力。

　　我們必須要有堅定的決心，永不回頭的勇氣，不要害怕失敗的降臨，要有破釜沉舟的勇氣去前進，願意冒極大的風險去實現自己的心中所願。當一個人不再相信自己的時候，放棄了繼續前進的爭鬥，那麼你其實是無法幫助他的，除非你能夠幫助他恢復其所失去的東西 —— 那就是他的自我信念 —— 讓他的心靈能夠明白一點，我們絕對不能被命運隨時主宰，也不應該被人生的某種神祕力量所控制，讓這種力量決定著我們是否該去做某些事情。除非他能夠明白人生中還有某種東西比所謂的命運更加強大，在他的內心世界裡還有一種比任何外在力量更加強大的東西，否則你是幫不上他什麼忙的。

　　絕大多數人之所以無法獲得什麼大的成就，就是因為我們對自己沒有足夠強大的信念，不相信自己有足夠的能力可以獲得什麼成就。我們始終會因為顧慮太多而停滯不前。我們對承擔風險總是顯得那麼畏懼。我們沒有足夠勇敢前進的膽量。

　　無論我們有著怎樣的期望，有著怎樣的追求，我們都應該始終相信自己。我們能夠成為怎樣的人與我們相信自己的

程度是成正比的。要是我們始終懷抱不相信自己的心理，那麼這樣的思想就會讓我們變得渺小與低人一等。我們應該有著相信自己的想法。只有這樣，我們才能到達卓越所處的位置。那些始終堅定朝著目標前進的人並不是在獲得成功，因為他本人就是成功的。

自信不是盲目的自大，自信代表著一種自知之明，這是源於我們對自身所擁有能力的一種真實的衡量。人類文明之所以能夠發展到今天這個地步，就是因為人類所具有的自信創造出了這一切。

堅定的自信可以讓一個人具有一種無法抵抗的能量。那些凡事追求安穩或是對自己充滿自我懷疑情緒的人，是絕對不會具有這樣一種強大的能量。當這些人想要前進的時候，他們就會在一種自我懷疑的心態中前進。他們的主觀能動性中缺乏足夠的精力，他們所散發出來的能量也沒有任何積極的氣息。

一個認為自己「也許」能夠做好某事的人，或是一個認為自己「將會嘗試」某項工作的人之間是沒有什麼差別的。這些人與那些「知道」自己能夠做到，認為「必然」能夠做好某些事情的人之間存在著極大的差別。因為後者能夠感受到自身脈搏的跳動，讓自己的身上流淌出一種難以阻擋的力量。這樣一股力量能夠讓他們勇敢的面對一切艱難險阻。

不確定與確定之間，猶豫不決與堅定果敢之間，做事舉

棋不定的人以及那些勇敢破釜沉舟的人之間，那些「我希望
這樣做」的人以及「我能夠做到」的人之間的差別，「我將要
嘗試」的人以及「我必須要去做」的人之間的差別——其實
看上去並不是很大，但這卻也正是軟弱與能量之間的差別，
是平庸與卓越之間的差別，是成為芸芸眾生以及出類拔萃之
人之間的差別。

　　那些想要真正將事情做好的人，必然會展現出自身強大
的能量。他們會全身心的投入到工作當中，始終在努力累積
著前進的動能，想盡一切辦法去克服前進道路上遇到的各種
困難。他們在遇到問題的時候，總是全身心的投入進去，沒
有任何一絲的猶豫。這些人是絕對不允許自己的內心出現任
何一絲的動搖，不允許自己的心靈處於一種不穩定的狀態。

　　事實上，一個人完全相信自己能夠將某些事情做好的能
力，可能在別人眼中覺得是不可能的，或是難以辦到的。這
樣的事實充分說明了此人內心的某些特質能夠讓他深信自己
能夠勝任這些工作。

　　信念會讓一個人與全能的上帝之間產生連結。除非一個
人能夠感受到自己與上帝的同在，否則他們就很難在人生真
正獲得什麼大的成就。當一個人始終遵守著上帝的箴言，始
終感受到造物主的存在，那麼他就是處於正確釋放自身能量
的位置上。

沒有比自我信念更能增強我們自身的能力了。自我信念能夠讓一個只有一方面天賦的人成為全才。而所謂的全才要是沒有了這樣的自我信念，無論做任何事情都將面臨著失敗的結果。

　　自我信念能夠幫助我們翻越高山，因為這代表著我們的最高信念。正是那些看不到、摸不著的東西指引著我們努力前進。

　　正是強大的自我信念所具有的持續能量，才最終讓哥倫布忍受著西班牙許多內閣成員的嘲笑與譏笑。在航海的過程中，遇到船員譁變的時候，他依然能夠控制好自己，引領著這些船員繼續向未知的海域前進。哥倫布每天都會記錄航海日記，他曾這樣寫道：「今天我們要向西邊前進，這肯定就是我們想要前進的方向。」

　　正是自我信念讓富爾頓（Fulton）擁有了無限的勇氣以及堅定的決心，讓他勇於將自己發明的克萊蒙特號汽船在哈德遜河上試航。成千上萬的圍觀群眾都在等待著他的失敗，然後嘲笑一番。但是，富爾頓相信自己能夠完成自己心中所願，哪怕所有的人都與他為敵，他也是絲毫不在乎。

　　自信能夠帶來多大的奇蹟啊！自信能夠讓我們做出一些之前看上去覺得是不可能的事情。杜威（Dewey）冒著魚雷、炮彈以及地雷的風險，最終勝利來到了馬尼拉灣。法拉格特

第十章　自信的奇蹟

（Farragut）在被敵人用鐵鍊鎖起來的時候，經過了敵人在莫比爾海灣的防線，最終獲得了自由。自信幫助納爾遜（Nelson）與格蘭特獲得了最終的結果。自信刺激著世人去進行發明創造，讓世人在藝術層面上有所成就。自信幫助人類在戰爭與科學發展方面獲得了許多勝利。而那些持自我懷疑態度的人以及心靈軟弱的人都認為這是不可能做到的。

　　自我信念可以說任何一個時代的奇蹟創造者。自信讓發明家與探險家能夠在面對重重困難的時候，依然選擇勇往直前。儘管他們面臨著許多讓他們感到沮喪的事情，但他們依然不懼重重困難，勇敢的前進，直到他們獲得了輝煌的成就。

　　我們內心中的任何一絲自卑，往往都是強加給自己的。如果我們能夠更好的了解神性的原則，那麼我們就會擁有這種更宏大與深厚的信念，這會讓我們擁有一顆勇敢的心。我們之所以顯得那麼渺小，就是因為我們將自己想得那麼渺小了。要是我們認為自己可以繼續不斷前進的話，我們就能到達一種卓越的狀態。

　　也許，在這個世界上，沒有任何一種東西比自我貶低更能影響我們前進的步伐了。這些人都是因為那些自我強加的束縛思想而無法前進，他們愚蠢的相信自己的工作效率低，認為比不上絕大多數人。但是，在這個宇宙裡，唯一能夠阻擋一個人無法去實現一件事的東西，就是他認為自己無法做

到。自我信念必須要指引著我們走向前進。要是不能掙脫出自身所設定的思想桎梏，那麼你永遠都無法真正的前進。

讓一個人真心相信自己的偉大之處，相信自己與生俱來的榮光，相信自己內心的渴望、期望都是為了日後過上那種更加美好真實的生活的一種動力，這並不是一件容易的事情。事實上，每個人心中湧動起來的活力都是他們自身能力的一種展現，這些能力需要我們透過努力去使之變成現實的。所有的內心願望其實都是內心的神性在激盪著我們，讓我們去追求更加美好與更加高尚的東西。

除非一個人能夠始終擁有自信，相信自己的夢想以及一切美好的願望都是可以實現的，否則他是很難走得很遠的。因為所有這些縈繞在我們心間的夢想都是我們自身能力想要得到證明的一種方式，從而讓我們實現更加圓滿的人生。造物主讓我們的內心充滿了許多美好的願望，另一方面卻不給我們去實現這些願望的能力，從而無情的嘲笑我們，這絕對不是造物主的本意。我們既然會有這樣的願望，那就一定會有這樣的機會去成就這樣的夢想。正如小鳥在冬天的時候會本能的朝南飛去一樣。

無論你在人生中想要完成怎樣一番事業，請記住創造出這番事業的念頭始終都是源於你的內在。這也是一切東西創造出來的泉源。你內心不斷盼望以及不斷為之努力的東西最

終都會降臨在你身上，因為你的思想已經創造出了這樣的事實，因為你內心中的某些思想已經牢牢吸引住了這些東西。這些夢想最終之所以會實現，就是因為你的內心對這樣的事實始終都具有一種吸引力。你自身的能量源於你自己，這些能量始終都在找尋著你。

每當你看到某個人在一些領域中獲得了輝煌的成就，請記住他通常是憑藉著自己的思想將自己想到那樣一個位置上的。因為這些人的心靈態度以及能量已經創造出了這樣的事實。他在生活中傳遞出來的訊息與他對生命、對同事、工作以及自己的態度都是分不開的。更為重要的是，這一切都是自我信念的結果，是他內在心靈視野的一種展現，這也是衡量他自身能量與潛能的一種很好的方式。

那些在世界上做出傑出成就的人，都是最堅定的自信者。

如果我能夠替當代的美國年輕人上一堂課的話，我肯定會給出一個建議，那就是：不管怎樣，都要相信自己。也就是說，你要深信自己的內心有某種力量始終在支持著你，一旦這種力量被喚醒、挖掘或是釋放出來之後，再加上誠實的努力，那麼你就會成為一個身心高尚的男人或是女人，還能讓自己獲得事業上的成功，過上快樂的生活。

我們可以在《聖經》一書裡發現一點，那就是信念具有一種創造奇蹟的能量。一個人身上所具有的信念能夠顯示出

一點，那就是這個人已經明白了自己具有一種無限的能量，這樣的能量可以幫助他們克服前進道路上的一切障礙。他們堅信，自己所面臨的各種困難相比於自己所擁有的能力來說，都是不值一提的。

信念能夠敞開心靈的大門，讓我們的心靈感受到無窮無盡的潛能，喚醒內在的無限力量。這是一種無法征服的能量，會讓我們感覺到自己擁有了一種額外的能量，因為我們接觸到了全能的上帝，窺探到了這種神性力量是源於全能的上帝。

所謂的信念就是我們內心中某些不需要去進行猜測，而直接洞悉一切的東西。信念之所以洞悉一切，就是因為信念能夠透過我們粗俗的外表，看到我們動物本性中所看不到的東西。信念就是我們心靈世界裡的先知，可以讓我們提前明白自己將能夠收穫什麼樣的成就，明白該怎樣前進才能實現這樣的目標。信念能夠讓我們窺探到內心的潛能，讓我們不會因為生活中任何挫折而選擇放棄。

我們的信念之所以洞悉一切，是因為信念能夠看到我們所看不到的東西。我們的信念能夠看到各種資源、能量以及潛能，而恐懼與自我懷疑的心理則會始終阻擋我們，讓我們無法看到這樣的一個事實。信念能夠讓我們變得更加具有勇氣，不會感到恐懼，因為信念會幫助我們看到一條出路，找到解答問題的最終方法。信念能夠讓我們進入到一種更加美

好的生活狀態，讓我們進入到一個更加高尚與具有神性的王國。對於心懷信念的人來說，一切都是有可能做到的，因為信念能夠洞悉一切，幫助我們認清楚獲得成功所需要的能力。

如果我們對上帝與自己充滿信念，我們就能將所有困難的高山全部移走。我們的生活也將會變成通往目標的一場凱旋閱兵。

如果我們對自己有足夠強大的自信，那麼我們就能治癒內在所有的疾病，在自身潛能的範圍內獲得最大的成就。

信念永遠都不會讓我們感到失望，因為信念是奇蹟創造者。信念能夠幫助我們跨越所有的邊界，超越一切的界限，讓我們穿透所有的障礙，清楚地看到我們想要看到的目標。

正是自我懷疑與恐懼、羞澀與懦弱的舉動，才讓我們始終無法前行，讓我們過著平庸的生活。當我們有足夠的能力去做某些偉大事情的時候，絕對不要因為沒自信而壞了大事。

如果我們對自己有足夠的信念，就能與上帝為伍，努力朝著我們的目標前進。

人們終將了解到，每個人都能擁有無限的信念，都能夠過上充滿勝利的人生。到那時，這個世界將沒有貧窮，沒有失敗，所有生活的紛爭都將會完全消失。

第十一章
自我肯定與有聲的心理暗示

找尋那些說出「我」的人。

「我能做什麼，我都應該去做，

我應該去做的事情，我就能做到。

我應該去做的事情與我能夠去做的事情，

在上帝的仁慈光輝下，我將能夠做到。」

「我已經向上帝許下承諾，我將去做這件事。」

西元 1862 年 9 月 22 日，當林肯下定決心要簽署《解放黑奴宣言》時，他在日記裡寫下了這樣莊嚴的話語：「我已經向上帝許下承諾，我將去做這件事。」誰能料到這樣的自我肯定對他所產生的強大力量與支持能量呢？

在那之前，他的內心依然心存懷疑，舉棋不定，再加上他天生的謹慎性格，這影響到了他的決定。現在，他已經決定破釜沉舟，將自己的生命奉獻給一個更加高尚的目標。

在屈里弗斯（Dreyfus）從魔鬼之地逃出來的錯誤消息傳播出去之後，守衛他的士兵人數多了兩倍，他在晚上睡覺的時候被用人鎖鏈拴在厚木板上，直到他的雙腿被磨破了，他的身體流著血，全身都是瘀傷。一位與他一同被關在監獄裡的獄友認為他即將要被處死，但是他果敢的對自己重複著說：「我一定會活下來的，我一定會活下來的。」誰能懷疑 —— 他對自己無辜的這種意識 —— 他對自己的正面肯定

幾乎與一個人所具有的超強意志能力相配的。這種頑強的求生意志讓他忍受了殘忍的折磨，讓他最終活了下來。

很少人意識到一點，那就是我們對長久以來盼望的事情或是決心要獲得成功的目標，是具有一種強大持久的力量。很多人都是在堅定自己能夠將手頭上的事情做好的信念下，最終將事情辦好的。他們身上展現出來的那種毫不動搖的決心為他們帶來了強大的前進動力。你對自己有能力做好某事的自信與自我肯定，這其實與你獲得成功的程度是成正比的。我們需要散發出一種強大的能量。相比於讓炮彈在炮管裡光速般的速度飛出來，緩慢裝載炮彈的過程要更加勞累一些。

很多人經常會說：「願上帝保佑」或是「上帝明鑑」的話，他們想要做這些事情或是那些事情，很少意識到說出「如果」一詞，往往會將他們的積極性給消磨掉，並且會讓他們的內心處於一種消極的狀態。造物主已經賜給了人類這樣去做某事的傾向，那麼這就是代表著人類正確的一面。因此每個人都應該去做自己認為正確的事情。

我認識一個人 —— 其實還有成千上萬像他這樣的人 —— 這些人說他們從來都不會對要做的事情進行肯定的陳述，因為他們認為這就是對上帝意志的一種質疑，也是對神性的一種褻瀆。

沒有比一句肯定的話語「我能」、「我就是勇氣，我就是健康、活力與力量，我就是能量，我就是平和，我就是富足，因為我是富足的一部分，因為我與全能的上帝是同一的。我是富有的，因為我是宇宙中所有資源的繼承者」，這樣的話語能讓心靈羞澀的人感到無比自信，讓那些原本想著自我貶低的人能夠抬起頭的了。

　　堅定、果敢且持續的肯定自己將會成為自己心中所願的念頭，最終將會證明是極為正確的。你千萬不要說：「我在未來某個時候會獲得成功。」而要說「我就代表著成功，成功是我與生俱來的權利。」你千萬不要說自己在未來的某個時刻才會感到幸福快樂，而要對自己說：「我天生就該過上幸福快樂的生活，我天生就該這樣幸福的。」

　　培養將我們自身的憧憬與願望視為一種未來的現實的習慣，這會對我們產生一種神奇的能量。你需要時刻進行這樣的自我肯定：「我代表著健康，我代表著活力，我代表著能量，我代表著美感，因為是按照完美的形象、和諧、真理、公正以及永恆的美感製作出來的 —— 因此我必須要在自己的生活中將這些事情都展現出來。

　　「我就是自己所想的那個人，我就是我，我不是其他的任何人。」

　　一個完全沉浸在物質世界裡的人只會為了金錢而活，這

些人知道如何賺錢，也的確能夠賺到一些錢。這些人每天早上起來的時候不會說：「我不知道自己今天是否能夠賺到錢。」他們只是對自己進行一番肯定，然後就按照自己設定的計畫去工作，最終他們往往能夠得到自己想要的金錢。

如果你不斷肯定「我就是健康，我就是富足，我就是這樣或是那樣」，但你卻不相信自己的這些肯定，那麼這樣的肯定將不會為你帶來多大的幫助。你必須要相信自己所肯定的東西。

很少人意識到，這種堅定的自我肯定，這種對自我的充分認可，將會帶來強大的創造性能量。那些曾經懂得如何恰當運用這種能量的人，將永遠不會對這種做法的有效性持懷疑態度。

紐約一位專門負責訓練歌劇的著名音樂人，曾這樣對一位有極強音樂天賦，但卻缺乏足夠自信與膽量站在觀眾面前表演的女歌手給予建議，要求她每天站在一面鏡子前，假設自己正在擺出一些充滿自信的姿勢，然後對自己說「我，我，我」，在說出這些單字的時候，一定要充滿著力量。他告訴這位女歌手必須要勇敢的肯定自己，將自己想像成一名具有強大能量的女歌手。他要求這位女歌手始終都要在內心深處認可自己的角色，努力扮演好這個角色，只有這樣她才能真正培養起自信的習慣，而自信的習慣對她而言意味著一

切。他對這位女歌手說：「想像一下妳就是諾迪卡（Nordica）
或是帕蒂（Patti）吧，始終保持與自身品格相對應的尊嚴以及
自身的能量。」這位女歌手完全遵照了這樣的建議，最後出
來的效果要比替她上十幾堂音樂課都還要好。這樣的訓練大
大增強了她對自身能力的自信，很快就將她的羞澀與不安情
感全部趕走了。

　　發出聲音的自我暗示其實只是自我肯定原則的一種延續
或是延伸，這是進行自我培養的一種極為重要的幫手。這種
形式的自我暗示——其中就包括以充滿活力與認真的態度對
自己進行說話——這似乎能夠喚醒我們潛意識世界裡那種
沉睡的能量，這樣的做法要比我們始終思考著相同的事情更
加重要。我們都知道我們可以透過對自己想要去做這件事或
是那件事的決心，不斷的進行自我肯定，從而增強自身的能
力。我們都知道，只有當我們堅守美德的堅定決心有了說出
來的決心作為保障，才能得到更好的表現。其實，這些都只
不過是潛意識自我層面中隱藏能量的一種展現，一旦這些能
量被我們所理解與培養之後，將會為我們帶來神奇的幫助。

　　我們大聲說出來的話語是具有一種能量的，這種能量與
我們在心中默默說出這些話語具有的能量是不一樣的。有
時，這樣的做法能夠喚醒我們內心沉睡的能量，這是我們
的思想無法喚醒起來的能量——特別是如果我們沒有進行

過深思的訓練的話，要想讓心智專注於某一個方面是極為困難的。大聲說出某些話語會讓我們的心智留下許多長久的回憶，這些話語就好比是印刷在某些紙張上的文字進入到我們眼睛之後，會使我們留下深刻的印象，這種印象的深度是我們在思考同樣的話語時所不具備的。當我們親眼看到自然界裡的某些景物時，這會對我們的心智留下持久的印象，這是我們持續對此進行思考所無法達到的深度。我們說出來的話語通常都伴隨著一種鮮明確定的能量 —— 特別是如果我們能夠以一種認真熱烈的態度說出這些話語的時候 —— 那麼這要比許多只是想著這些話語的行為產生更大的影響力。如果你不斷大聲的對自己重複這些話語，內心懷著某種強烈的願望與決心，那麼相比於你只是在安靜中思考這些目標的情形，更能讓你將這樣的想法變成現實。

我們都習慣了內心默默發出的聲音，要是我們能夠用話語的方式將自身的願望表達出來，那麼這將會使我們留下更加深刻的印象。

有聲的自我鼓勵方法在改正我們的軟弱、克服自己的缺陷等方面都具有神奇的作用。

我的一位相當成功的朋友曾說，他就是經常透過大聲談論自己的缺陷與缺點的方法，讓自己得到許多的提升。他與自己進行的這種「心與心之間的交流」，讓他能夠更好的鞭策

自己，更好的前進。

如果他認為自己遲遲無法實現夢想，那麼他就該對自己進行一番心靈層面上的實驗，這最終將會提升與改善自己實現夢想的程度。如果他認為自己的標準正在下降，那麼他就該時刻肯定自身做到更好的能力，每天都要比前一天更進一步的方式，始終保持自己的理想。

他說自己每天早上起床之後，都要讓自己擁有著比昨晚睡覺前更為強烈的決心，他覺得自己能夠追求更多美好的東西，認為自己能在整個社群裡承擔更為重要的角色。在他開始一天的工作，在早上穿衣或是照鏡子的時候，他會與自己談論一下自己在工作上存在的一些缺陷。他是這樣與自己進行談論的：

「約翰，你昨天沒有管好自己的脾氣，你因為某人在辦公室裡犯的一個錯誤而大發雷霆，讓你的員工都不像之前那麼尊重你了。這樣的做法完全與你內心想要去做更加偉大事情的願望是相反的。你在今天千萬不要犯下相同的錯誤。如果你不能從一些瑣碎的事情中超脫出來，那麼你就始終都無法成長為一個真正偉大的人，因為這些瑣碎的事情會讓你感到困惑，讓你的心智處於一種膚淺的狀態。如果你不能擺脫辦公室裡發生的一些瑣碎事情，你將永遠都無法成為一名真正的領袖。」

他最大的一個缺點就是猶豫不決。他對某件重要事情做出決定的想法充滿了內心的恐懼，因為他經常會與人多次討論這些事情。他始終都會將事情拖到最後一分鐘才決定——他的商業信件沒有寫完，合約還沒有與人簽訂，直到他最後不得不要去這樣做。正是因為恐懼的心理，他才會時刻考慮自己做出來的決定。

　　他對我說，他最終克服了這個缺點，方法就是不斷的告訴自己這樣做是多麼的愚蠢，讓自己認知到這種猶豫不決的行為會影響到他的整個人生事業。同時，他也理解到了那些具有很強執行能力的人都是因為他們果敢的決定而聞名的。

　　你還存在著某些缺點，這其實不是那麼重要——無論這是你喜歡拖延的習慣，還是沒有收住脾氣，或是在與員工交流的過程中不講人情，過於嚴苛等等——無論是怎樣的情況，我們都應該與自己進行一番深入的交談。在這樣的自我交談裡，我們可以直呼自己的名字，在腦海裡將自己更為美好與神性的畫面呈現出來，始終堅持自己想要得到結果。那位商人曾說，對他來說，沒有比與自己進行這樣的交談更能幫助自己的了。

　　來自紐約的另一位年輕人最近告訴我，他想要每天早上步行通過中央廣場的方式，讓自己好好的思考一下自己一整天該怎麼去做。在這樣的自我對話裡，他告訴自己說，無論

自己在白天的工作中遇到什麼問題，他都絕對不能失去自我控制能力。無論在任何環境下，他都要努力成為一名紳士。他絕對不允許自己感到憂慮與不安，不允許各種不良的情緒浪費自己的精力，而是想盡一切辦法去將工作做好。

用他的話來說，這樣的一個自我能夠被「帶動」起來，在每天早上進行這樣的自我調節，這不僅會幫助他們以更加高效的方式投入到工作中去，而且還會讓工作不會為我們帶來多大的煩惱與不安。這對我們來說是一種極大的幫助與提升。因為他已經養成了這樣一種自我溝通與自我鼓勵的習慣，因此他能夠實現跨越式的發展。

每個人都應該像這位年輕人一樣，養成與自己進行交流的習慣，將自己當成一個非常關心自己的人，然後給予自己最中肯的建議。這樣的習慣能夠讓我們更好的前進。

每當你這樣做的時候，最好要遠離別人，從而讓你不會意識到別人的存在，然後你就要用各種話語去肯定自己──記住，在進行自我肯定的時候，一定要充滿熱情與活力。你很快就會驚訝的發現，這樣的話語很快就會進入到你的潛意識。當你以口頭的形式說出來的時候，那麼你就更有可能實現這樣的目標。

如果你養成了一些讓你停滯不前，讓你失去生命活力的不良習慣，那麼你可以時刻對自己進行這樣的自我肯定：「我

知道這些行為（直接說出這種行為）在摧毀著我們的人生活力。我在身心方面並沒有表現出那麼強大的活力與力量。我並沒有如自己想像中那麼高效。我沒有進行過深入清晰的思考。我無法控制自己的心智世界，我被這樣的一個弱點深深控制住了。」這樣的自我對話能夠增強你的能力。

「這種不良的習慣讓我的人生處於極為不利的境地。這樣的習慣讓我時刻想著與別人進行毫無意義的比較。我知道自己要比很多獲得更大的成就的人有著更強的能力。我必須要徹底征服影響著我收穫美好未來的障礙。無論付出什麼樣的代價，我都要讓自己重獲自由。」

如果你過去做了一些違背道德的事情，現在就要大聲對自己說：「沒有比其他任何事情更加迅速的抹黑我的靈魂。我正在摧毀自己日後獲得成功的機會。這些詛咒的事情對我想要成為一個完美的人來說是一個極大的侮辱，對我未來的妻子也是一種侮辱，對我日後的孩子來說就是一種罪惡。沒有比不道德的事情更加迅速的毀壞我們的為人品格了。若是我們對此不加以制止，那麼這將最終徹底毀掉我們的自尊。因此，我謹此立下誓言，我將永遠都不會去做那些削弱我獲得人生機會的事情，永遠都不會再輕視自己。我要鄙視所有一切阻擋我繼續前進的障礙，因為這些障礙只會讓我成為一個失敗者，而無法成為一個真正意義上的男人。我再也不會盼

望著別人去幫助我破除這樣的習慣了，因為我知道每當我沉浸在一種不良的行為習慣裡，這都會讓我更加無法掙脫這樣的習慣，讓我掙脫出來的可能性越來越低。」

每當你孤身一人的時候，你都可以用這樣的方式去對自己說，那麼你將會驚訝的發現，這種有聲的心理暗示將會迅速幫助你擺脫那些不良的生活習慣。在很多的時間內，你的自我談話將會增強你的意志能量，讓你能夠完全消除自己存在的弱點。

但是，你必須要充分肯定自己是有足夠的能力去戰勝這些弱點的。如果你只是對自己說：「我知道這樣做對我是不利的，我知道如果我繼續喝酒或是繼續抽菸的話，或是去做一些不道德的事情，這將會嚴重影響到我的成功。但我並不相信自己能夠克服這些不良習慣，這些習慣已經根深蒂固了，讓我始終無法擺脫了。」這樣的自我對話將會讓你無法獲得任何進步。

你要始終肯定自己戰勝困難的決心。你可以對自己說：「我活在這個世界上，絕對不是要被一種惡習、不良的行為所控制的。我身上展現出來的上帝影像絕對不能在汙垢裡打滾。要是我始終懷抱著那些會消耗自身精力，讓我失去人生機會的思想的話，那麼我將永遠都無法將自己的能力發揮到極致，也將無法成為我想要成為的那種人。不良的思想會改

變我們的內部結構，摧毀我們的道德感，讓我們分不清善良與錯誤。我要與這些不良的思想徹底決裂，因為這樣的欲望摧毀著我想要獲得成功的決心。我再也不需要這樣的想法了，我再也不會接觸這樣的念頭了。我天生就該抬起頭，成為一個真正的男人，完成一個男人應該要完成的事情。我身上存在著某種神性的東西，這是上帝在我身上烙下的痕跡，這能幫助我很好的克服一切影響我人生事業、阻擋我前進的障礙。我一定能夠做到的。」

　　如果你無法立即從中得到解脫，也千萬不要氣餒。你要以這種自信的方式去與自己進行談論，特別是在自己準備休息的時候，要不斷肯定自己克服自身弱點的能力。你的意志能力會幫助你，但是你內心所持的信念則要比意志能力強大數千倍。你需要對自己內在的神性力量不斷進行肯定，相信自己有足夠的能力去克服所有的障礙，最終讓你戰勝這一切困難險阻。當你明白了內在湧現出來的神性能量時，將會體驗到其中真正的價值。當你明白了上帝會在這個過程為你帶來一些幫助，那麼你將會發現自己與神性始終都占據主導地位的。任何外在力量都無法動搖你的這種想法。

　　一開始，你可能會覺得與自己進行這樣的對話是一種愚蠢的行為，但是你能從中得到極大的好處，你將有機會幫助自己改正身上存在的諸多缺點。我們身上存在的任何缺點，

無論是大是小，最終都會屈服於我們長時間的有聲自我暗示。比方說，你可能天性比較羞澀，害怕與人見面。你可能不相信自己的能力。如果是這樣的話，你可以在日常生活的自我對話中給予自己積極的暗示，說自己其實並不是一個羞澀的人，與此相反，你是一個兼具勇氣與自信的人。你要自己明白一點，那就是你根本沒有要羞澀的理由，因為你身上不存在著任何低人一等的部分。你要認為自己是具有吸引力的，你知道如何與別人打交道。你要對自己說，你永遠都不能懷抱任何自我貶低、羞澀或是低人一等的想法，你永遠都要抬起自己的頭，像一個國王、征服者那樣生活，而不是像一條蠕蟲那樣在地上爬行。你要反覆肯定自己的為人品格以及自己的個性。

很多人天生就該挺直腰板，用一雙無所畏懼的眼睛去觀察這個世界。這樣的人是永遠都不會後退與膽怯的，他們也不會抱怨，不會隨便向人道歉，也不會貶低自己的能力。

如果你缺乏主觀能動性，你就要勇敢的肯定自己去做某些事情的能力，努力圓滿的完成這些事情。當你遇到一個機會的時候，就要將自己內在的決心投入到行動中去。

如果你在與人相處的時候顯得害羞或是冷漠，並且傾向於貶低自己的能力，認為自己並不如其他人那麼優秀，那麼你只需要讓自己否定所有這樣的想法。你要狠下決心，讓自

己永遠都不會失去一個增強自己談話能力的機會。

　　永遠都不要去想像自己被別人認真觀察或是嘲笑的情形。你始終都要認為你是自己的國王或是女王。如果你忍受著自我意識、過度敏感等性情所帶來的痛苦，你就要時刻對自己說：「我就是國王，我絕對沒有任何理由認為自己要比別人低等一些。我走路的時候，要感覺自己是我所在的州、所在的市的州長或是市長，我要成為一個真正意義上的男人，成為一個能夠勇敢面對現實情況的人。」

　　如果你是猶豫不決這種性情的受害者，如果你總是傾向於對所有的事情進行權衡與再次思考的話，那麼你就要用大聲的言語對自己說，你絕對不會給自我懷疑任何一絲的機會，不要讓自己像之前那樣顯得猶豫不決或是不敢做出決定。你可以對自己說，與其在做事情的時候犯下一些錯誤，也要比根本不去做來得好啊。因為如果你不去做的話，你永遠都無法掙脫出這樣的牢籠。

　　如果你在下定決心去做自己想要去做的事情方面遇到困難，你可以讓自己單獨到某個地方，努力提升自己的士氣。你可以以一位愛你的朋友的那樣的口吻與自己進行對話，這些朋友知道你是有能力的，但卻缺乏勇氣與毅力。你要重新肯定自己的能力，重新喚醒自己的心靈能量，不斷替自己打氣。

在這樣的自我對話裡，如果你能夠坦誠的面對自己，並且始終堅持自己的自我信念，那麼你將會驚訝的發現自己的勇氣得到了提升，自信心得到了極大的增強，你執行自己想法的能力也得到了加強。

我認識一個自我意識思想很強的年輕人，他經常會穿過馬路，只為避免與任何他認識的人見面。要是他不願意與之交談的人過來跟他說話的時候，他會感到極為困惑。他始終都在內心裡貶低自己，輕視自己的能力。事實上，我還從未見到一個像他這麼有能力的人卻又如此貶低自己的能力的人。但是，他最終還是透過有聲的自我心理暗示克服了這些缺點，現在誰也不會認為他是一個缺乏自信與自我貶低的人了，他再也不是羞澀的受害者了。

他跟我說，他時常到鄉村田野裡散步，認真談論著自己身上存在的缺點。「亞瑟，你身上要麼還有點才華，要麼就什麼都沒有了。但我一定要努力將這樣的才華挖掘出來。」他接著說，「不要犯傻了，只要你舉止得當，你與其他人一樣優秀。你要抬起自己的頭，挺起自己的胸膛，做一個真正的男人。千萬不要害怕面對任何人。你要覺得自己像個大人物的姿態去面對別人。你要拋棄過去那種始終自我貶低的行為習慣。你是上帝的子民，你在這個地球上與任何一個人都是一樣重要的。你不需要為自己的存在而向任何人道歉，也不要

想像自己的存在占據了別人的生存空間。」

　　他表示，當自己感覺不是很好，或是覺得自己失去了為人氣概的時候，都會從有聲的自我激勵中得到強大的能量。在這些場合下，他會說：「亞瑟，這沒有關係！你做得很棒！我為你感到驕傲。這只是說明了你有能力將某些事情做好。你可以在每種情況下將事情做好，那麼你就能獲得一些成就，成為一個大人物了。」

　　對於那些天性羞澀、缺乏自信的人來說，培養時刻肯定自身的重要性、自身的能量以及自身的神性的習慣，這實在是太有幫助了。當一個人曾經看到將自己看成是具有神性的，能夠了解到自身的能力，那麼他永遠都不會深陷在許多事情的泥潭裡，也不會懷疑自己與上帝之間的連結。很多人遇到的問題就在於，他們並沒有認真審視過自己，沒有對自身的潛能進行過一番正確的評估。我們之所以貶低自己，輕視自己，是因我們沒有看到自己身上那種更為龐大與神性的東西。

　　一個人的目標在喚醒與激勵我們的主觀能動性方面具有強大的作用，這可以喚醒我們的潛意識能量，將我們潛在的能量都釋放出來。在每個人的內心深處，潛藏著一種能量，這樣的能量可能會讓我們感到惱怒，這可能是我們之前從未想過自己擁有的能力。如果這樣的能量被徹底喚醒之後與釋放出來之後，這將會徹底改變我們的人生。

絕大多數人只能將自身一部分的潛能挖掘出來，很多人在年過半百之後才因為生活中遇到的某些危機將他們的潛能激發出來了，讓他們能夠認真窺探一番自己的潛能。

　　很多家庭在他們擁有的土地下面都能找到許多礦石或是石油，但他們卻只能過著貧窮可憐的生活。上百萬的人因為心靈的貧瘠而去世，很多人因為孱弱的身體去世，其實他們的天性中依然還有許多潛能尚未得到開發，尚未得到利用的。

　　正如礦工在擁有著許多寶藏的情況下還因為貧窮而去世，同樣也有許多人在完全沒有將自身內在的潛能挖掘出來之前，就離開了這個世界。

　　「你要對自己的願望加以肯定，這將會在你的生命中得到展現。」你要充滿著自信去進行自我肯定，懷著無限的信念，不能對自己所肯定的事情有半點懷疑。

　　你要肯定自己是有足夠的能力去得到自己想要的東西，能夠獲得自己想要得到的品格。你要強迫自己的心智朝著目標前進。你要始終堅定不移的堅持自己的目標，因為這是創造出一切未來的心靈狀態。那種消極、自我懷疑的思想永遠都不會讓人創造出任何東西。「我們要時刻進行自我肯定，努力提升自己。不要對著不好的東西進行咒罵，而要為那些美好的事情進行歌唱。」

「我，我自己，就代表著一筆美好的財富。」華特‧惠特曼（Walt Whitman）這樣說。

如果我們只能意識到，我們是自己想要成為的那個人在現實生活中的真實化身，那麼我們現在就該努力去培養這樣的特質。我們要時刻進行這樣的自我肯定：「我自己就代表著好運，我自己就是宇宙那種創造性與持續性原則的一部分。因為我真實與神性的自我與偉大的天父是相連在一起的。」要是世人能夠明白這個道理，那該多好啊！

第十一章　自我肯定與有聲的心理暗示

第十二章
毀滅性與建設性的心理暗示

任何罪犯首先都是心靈層面上的罪犯。他們用行動做出的犯罪行為不過是他們在心靈世界裡演練了許多次的行為的外在表現方式而已。

一位之前在紐約州各個不同監獄裡服刑時間超過二十五年的犯人曾說，自己從來沒有意識到會成為一名罪犯。但是，他對去做一些在別人看上去不可能做到的事情有著一種天然的熱愛。當他經過某位富人的住所時，他總是會想像著在晚上偷偷進入這間住所的幾種方法，直到他最終對此進行嘗試。他為自己能夠自由自在的在富人家的每個房間裡來回走動，而其他人都在酣睡，對此一無所知的事實深以為傲，似乎自己做了一些值得驕傲的事情。他說自己並沒有在富人家偷竊什麼價值名貴的東西，而只是為了滿足自己內心中那種去冒險的欲望。當他發現自己這樣一種行為習慣最終成為他天性的一部分時，他都覺得是難以理解的。當他第一次遭到逮捕的時候，別人都根本不知道他這樣的人竟然會成為一名罪犯。

這個事例充分說明了一點，那就是讓心靈世界維持著一種錯誤的心理暗示，這是一件多麼危險的事情啊，因為這些錯誤的心理暗示可能會成為我們內心世界的一部分。在我們尚未完全意識到這樣的情況之前，我們就會做出與這些思想完全一樣的行為了。

職業盜賊在入獄之後都會告訴我們，在他們真正進行多種盜賊行為之前，就已經在心靈世界想像過多次進行這種行為了。這些職業盜賊會想出多種與眾不同的方法去進入別人的房子，在房子主人沒有察覺的情況下就盜竊得手。

　　這些職業盜賊在真正動手之前，就已經長時間沉浸在這樣一種犯罪的思想當中。在他們尚未意識到這點之前，最後竟然真的做出了這樣的行為。這些犯罪的念頭一直存在於你的心靈世界裡，直到這種念頭最後慢慢成為你生命中的一部分，最後連他們都驚訝於自己竟然成為了一名罪犯。在很多罪犯裡，不少罪犯在剛剛產生犯罪念頭的時候，其實都不認為自己以後會真的犯罪。但是這種犯罪的心理暗示最終會漸漸的在他們的心靈世界裡占據上風，直到最終真的影響到了他們的行為。

　　誰能想像那些猜疑的心理暗示為普通人的生活帶來了多大的災難呢？試想一下，要是老闆總是對自己的僕人或是員工抱著一種猜疑的心態，那會帶來怎麼樣的影響呢？

　　當老闆在對待僕人的過程中表現出一種猜疑的態度，認為僕人是不誠實的，那麼老闆這樣的做法其實必然會讓僕人做出不誠實的做法。這種對僕人展現出猜疑心態的情況可能第一次出現了，之後就慢慢扎根成長起來，最後導致僕人做出了偷竊的行為。正如那句古老的諺語所說的：「如果替你安

上這樣的名字，你就能成為這樣的人。」這句話適用於我們在現實生活中許多情況。當我們對別人始終抱著一種猜疑的心態，並且一直等到最後拿到了證明你的猜疑心理是正確的證據，這簡直就是一種殘忍的做法。在別人的心靈是神聖的時候，你根本沒有權利去用自己那些可悲的思想以及讓人猜疑的心靈圖像去影響別人。很多人就是因為這樣的情況過著多年悲慘的生活，這些人因為別人傳播的一些不良思想影響而讓自己過得非常壓抑與煩惱。

很多人都在時刻散播著恐懼的思想、自我懷疑的思想、失敗的思想，無論他們走到何處，都會選擇這樣去做。他們傳播的這些不良思想可能會對某些人產生不良的影響，若是這些人能夠免於這些不良的影響，那麼他們就能過上快樂幸福的生活，為人充滿自信，擁有屬於自己的成功事業。

誰能估量透過對別人灌輸一些不良的思想，或是用錯誤的思想去催眠別人所帶來的人類災難、痛苦以及失敗呢？

人們終將了解到，我們需要對那些步入歧途的人懷有更多的憐憫之心，即使這些人走上了犯罪道路，因為我們知道一個人的思想會受到其他人的一些邪惡思想帶來的不良影響。

很多年輕人因為做了一些違法的事情進了監獄，卻因為每天都要與身邊的罪犯打交道，讓自己的心靈變得越來越僵硬，因為他已經無法與所有具有善意的人進行交流，無法接

觸到好書。他所處的環境都在傳遞出一種持續犯罪的信號，這會讓他的心智處於一種病態的狀態，充滿著想要去犯罪的傾向。要是他沒有被關在監獄裡，而是被驅逐到某個鄉村裡一個廣闊的農場裡，讓他能夠看到身邊美麗的高山、湖水、花朵、樹木、花草，還能接受到他人善意且具有教導的影響，那麼這會改變許多犯罪之人的犯罪性情。要是我們用監獄去替代這樣的感化環境，就會讓他們遠離自己所愛的一切事物，遠離了朋友，遠離了健康有益的影響，遠離了所有實現自身夢想的可能性——這一切都會讓他感到無比沮喪與絕望。他的心智很快就與他所處的犯罪環境相差無幾了。

我們都是心理暗示的產物。我們每天都會從新聞報紙、書籍或是我們所接觸的每個人身上那裡得到這樣的心理暗示。這樣的心理暗示無時無刻不在影響著我們。我們始終在吸收著這樣的心理暗示。換言之，我們的品格在很大程度上是由各式各樣的心理暗示組成的。

我們都知道，我們經常會被一場激動人心的話劇，或是一本具有力量的好書所感動與影響。

我認識一位女士，她非常喜歡閱讀悲劇以及那些多愁善感的故事，她曾說自己經常會受到自己閱讀的書籍所帶來的影響。當她讀完了這些書籍之後，有時整天都只想躺在床上，根本不願意下床。書籍傳播出來的心理暗示是如此之強

大，將她的心智完全占據了。這位女士認為自己過著書籍中那位女主角所過的生活。她認為自己就是書中某個人物的真實寫照。

很多人的犯罪行為都可以追溯到一些犯罪小說、謀殺或是搶劫的那些血腥的小說故事。這些人往往是在自己還小的時候就閱讀了這些書籍，這些書籍讓他們的心靈留下了難以磨滅的印象。

很多有犯罪傾向的人都喜歡閱讀犯罪以及生死逃亡的故事。這些人都非常喜歡閱讀偵探小說，其中一些年輕人還為此而感到熱血沸騰，直到最後讓自己處於一種不正常的心理狀態。他們培養出了一種病態的願望，最後做出了他們在心靈世界示範了許多遍的犯罪行為。

試想一下，要是我們的圖片、卡通、印刷品以及每日的新聞報紙都在傳播著醜聞、謀殺、自殺或是各式各樣的犯罪行為，再加上其中對犯罪行為栩栩如生的描述，這必然會對許多讀者帶來不良的影響。

不久前，西部一個城市的市長就要求當地的日報禁止刊登關於自殺細節的報導，按照他的話來說，因為這樣的新聞報導很容易在當地造成較高的自殺率。

毋庸置疑，很多現在在監獄裡服刑的人，其實都是受到了別人不良的影響。因此，真正應該去監獄裡服刑的，應該

是那些向別人傳播不良思想的人。

不良的心理暗示會對我們的心靈留下難以磨滅的印記。沒有比這更能抹黑我們的人生理想，降低我們作為男人或是女人的行為標準了。

垃圾文學所傳播的不純潔的思想暗示，是造成許多年輕人生活放蕩的一個重要原因，也是造成很多人夢想旁落，過著悲慘生活的一個原因。這樣的情況也發生在了藝術品所傳遞出來的心理暗示。很多不純潔的藝術家都是透過觸碰法律禁區去賺取財富的，他們遊走在法律的灰色地帶，盡可能的打著法律的擦邊球，以這樣的手段去賺取金錢。

如果年輕人能夠意識到，如果這些不純潔的思想會為他們的生活帶來多麼嚴重的影響的話，那麼他們就絕對不會去閱讀那些傳播不良思想的作者的書籍。他們也不會去看那些包含著不良傾向的書籍，就會對這些書籍採取一種避而遠之的態度。要是我們用一種充滿誘惑性或是引誘性的預言去包裝一種不純潔的思想，這其實不過是對一間死亡之屋進行裝飾而已。

我們都有過這樣的感受，那就是閱讀一本描述偉大英雄的作品會為我們帶來多大的心靈體驗，會為我們帶來多大的心靈提升。在閱讀完了之後，我們能夠體驗到內心充滿這一種英雄主義色彩以及願意做出自我犧牲的精神，希望能夠成為書籍或是戲劇中那位英雄。這些事例就很好的說明了能量

的心理暗示始終都會對我們的生活產生一種強大的心理暗示。

讓孩子們從生活在一種充滿活力、積極向上與友愛的環境之中，這是多麼的重要啊！許多老師都對我們說，在城市貧民窟裡上學的孩子的臉上幾乎從來不微笑，總是顯得那麼陰沉，因為他們在家裡受到了不良的心靈影響。他們在家裡始終都感受到了痛苦、骯髒、貧窮以及不純潔的思想，他們所處的環境都在傳遞出一種不良的思想。

我認識幾位聰明、健康與心靈正常的孤兒，他們在被送到一些缺乏教養的家庭裡生活之後，性情都發生了極大的改變。這些家庭裡散發出的嚴苛與野蠻的生活氣息始終會影響著他們，直到他們的性情與品格逐漸變得剛硬，讓他們天性中所有美好與純潔的東西都逐漸僵硬了。

當我們知道了孩子從小就是被灌輸這樣的心理暗示之後，就很容易解釋孩子們養成了一種冷漠、自私的性情了。在充滿仇恨、嫉妒以及自私的環境下，我們是很難培養出具有陽光與活躍心態的孩子。物以類聚，人以群分。無論在任何地方，這都是一個不可違背的法則。愛意是不會在充滿痛苦的環境下產生的。無私與憐憫心也不會在充滿貪婪與無情的心靈中產生的。

埃爾伍德‧伍斯特（Elwood Worcester）醫生是波士頓伊曼紐爾運動的領袖，他深信心理暗示在塑造孩子品格方面所

具有的強大力量。他曾說：「我們可以採用簡單且理智的方式去改正孩子們的許多錯誤。也就是說，我們可以在孩子處於一種自然睡眠的狀態下，對孩子們灌輸積極的心理暗示。

「我的方法很簡單，就是低聲溫柔的對睡著的孩子說話，告訴他我正在跟他說話，他必然能夠聽到我說話的。但是，我所說的話語不會影響到他的睡眠，也不會將他吵醒。接著，我會說出一些必要的話語，用不同的語言進行多次重複。我可以透過這樣的方法消除孩子們幼稚的恐懼心理，改正他們身上一些不良的習慣。我幫助過那些患有神經性痙攣、憤怒、暴力傾向或是說謊傾向的孩子，我還幫助過一個孩子改變了口吃的習慣。」

我們在很大程度上都是自身所處環境的產物。我們對於在心靈世界裡占據主導地位的心靈暗示特別敏感，我們會透過自我的心理暗示，對人生產生重要的影響。在面對所處環境中傳遞出來的那種不良思想，我們可以透過一種與此相反的自我暗示去徹底改變這種心態。純潔的自我心理暗示能夠迅速將其他人散發出來的不良思想全部趕走。追求公正與真理的自我暗示，會迅速趕走所有關於我們自身錯誤與不公平的評價。

「作為一種醫療手法與充滿提升力量的倫理能量，」伍斯特醫生說，「自我暗示的作用不能過分的誇大。我們遇到的各

種問題，包括身體與心理層面上的問題，這些都會對我們帶來諸多的影響。在遇到這些問題的時候，病人能夠如莎士比亞說的這句話『管理好自己』那樣去控制。管理好自己，這會為那些內心沮喪與不幸福的人帶來多大的希望啊。對於那些成為所處環境奴隸或是自身愚蠢受害者的人來說，這是多麼好的救贖機會啊！」

　　將自身更好的自我展現出來，喚醒自身更高的性情，這完全是一個我們是否對自己提出要求的問題。當我們向自己提出這樣的要求時，就能很好的將上帝賜給我們的那種強大能量激發出來。

　　當我們看到某個覺得自己的存在是可悲的，認為這半生都是毫無意義的人，在得到了某位高尚女人或是朋友的愛意之後，往往能夠釋放出強大的善意能量，我們都會認為此人之所以能夠做出這樣極大的變化，就是因為某種外在的力量所致。但是，這樣一種能量其實就在他們的內心深處，時刻等待著被我們所喚醒。當正確的心理暗示出現之後，這樣的能量就會變得足夠強大，讓我們展現出與此相對應的神性。

　　很多「運氣不佳」的人一般都是自身消極心理暗示的受害者。如果他們能夠運用積極、具有創造性的思想，去替代那些消極與毀滅性的的思想，擺脫所有奴役他們的思想，那麼他們就能獲得勝利，而不是過著失敗的生活。

達爾文就曾證明一點，每一種心靈狀態都有著相對應的心靈表現狀況，如果你對某些情況產生了期望，那麼你必然能夠獲得這樣的體驗。比方，憤怒的這種情感會以劇烈的身體語言表現出來，其中就包括緊握著拳頭，大力拍門，或是以其他激烈的形式表現出來。一個人會讓自己的心靈處於憤怒的狀態，同樣可以讓自己的心靈處於一種奉獻協助他人的狀態，讓自己擁有著一種祈禱者的心態。

　　一些人天生就是比較樂觀的，他們能夠透過習慣性的積極心態去提升自己的心靈，讓自己顯得精神煥發。他們始終會與神性的能量保持接觸，讓他們感受到了那種神性的力量，並且受到了神性湧流的驅動。

　　我們通常會驚訝的發現自己體內潛藏著許多尚未被挖掘的能量，這些能量可能會因為某本書。或是某位相信我們的朋友給我們的激勵，讓我們看到了自己根本沒有看到的能力，從而幫助我們激發出內心的強大潛能。

　　人類的心智會根據心理暗示的調節而發出高與低的音調。這樣的心理暗示可能是自己或是別人所說的一句話所導致的，也可能是源於某本書或是一張圖片的，更有可能是源於一位具有高尚英雄品格的朋友或是敵人所帶來的，也可能是來自某位性情卑鄙與懦弱之人帶來的。這樣的心理暗示的泉源可能是數不清的，但是無論這樣的心理暗示源於何處，

這都會在我們的人生中留下好或壞的印記。

　　心理暗示的最高形式就是觸碰我們內在更高的自我，從而認識到自身的存在。無論一個人看上去多麼糟糕，他的內心依然還有善意的一面。無論他可能在道德層面上多麼墮落，展現出多麼糟糕的外在形象，他依然會有一絲純潔無瑕的東西。他內心的某種東西是永遠都不會被玷汙的，也不會被抹殺掉的。這種東西最終會幫助他找回自己與生俱來的權利，認識到自己擁有的能量與力量。

　　無論一張銀行票據多麼褶皺，只要票據上的字跡依然能看得清，那麼我們就能拿著這張票據去銀行兌錢。每個人身上都有著某種能夠最終將他拯救出來的東西，無論他偏離了正確的軌道多遠了。即使是關在我們監獄裡那些最劣跡斑斑的犯人，他們身上都有更好的一個自我，這個自我會在未來某個時刻帶給他們救贖，讓他們找回真正的自我。他們心中的上帝最終會獲得勝利。每一個人在某個時候某個地方，最終都會與神性的上帝處於一種和諧狀態。每個上帝的孩子最終都能從上帝那裡得到無限的前進動力。

第十三章
憂慮與老年人的疾病

　　一些人會遇到三個麻煩 ── 他們過去擁有的東西，他們現在擁有的東西，他們期望未來擁有的東西。

── 愛德華・艾瑞特（Edward Everett）

　　相比於歷史上所有的發明家與探索者，那些找到了擺脫憂慮方法的人會為人類的進步帶來更大的幫助與影響力。

　　我們美國人經常會對那些野蠻人在崇拜殘忍的天神中過著可憐的生活感到遺憾，但是我們卻也是摧毀自己夢想、幸福生活的魔鬼的奴隸，放任那些醜惡的陰影影響著我們的愉悅心理，讓我們失眠，影響著我們的健康，讓我們的生活處於一種痛苦的狀態。

　　這樣一位心靈魔鬼，從我們出生到死亡的過程中都會始終伴隨著我們。幾乎沒有一個神聖的場合是沒有它存在的身影。它經常會不請自來參加許多婚禮與葬禮。它會出現在每一場招待會、每一場宴會，占據著每一個座位。

　　誰都無法估量憂慮帶來的重大破壞性以及深重的災難。自從人類來到這個世界之後，相比於其他的任何原因，憂慮讓天才去做著平庸的生活，讓許許多多的人過著失敗的生活，讓更多的人心碎，讓更多人夢想破滅。

　　在憂慮的重壓之下，人們什麼事情不能做出來呢？他們會陷入各種惡習當中，成為了酒鬼，患上了藥物依賴症，出賣自己的靈魂只為逃避憂慮這個心靈惡魔。

想像一下，憂慮讓多少個原本美滿的家庭破碎了，讓多少原本能夠事業有成的人最終心碎，讓多少人的希望與前景化為泡影。想像一下憂慮這個心靈魔鬼讓多少人自殺身亡呢？如果說這個世間還存在著什麼惡魔的話，難道不是憂慮以及憂慮衍生出來的各種邪惡的惡魔嗎？

　　雖然憂慮對我們帶來諸多悲劇性的影響，但若是某位來自外來星球的人來到地球做客，就會產生這樣一種印象，那就是憂慮是我們最親密與最好的幫手，我們如此緊緊擁抱著憂慮，以至於根本不願意離它遠去。

　　很多人都深知一點，那就是成功與幸福都是取決於他們最大程度的發揮自身的潛能，同時不懷著任何影響自己獲得成功與幸福的敵對思想，但是他們卻又偏偏這樣做，這難道不是讓人難以理解嗎？在他們知道焦慮與不安的情感不僅會讓他們失去內心的平和與圓滿完成工作的能力，消耗他們寶貴的青春年華的時候，他們依然培養了對邪惡進行預測的習慣，這難道不是讓人甚為不解嗎？

　　很多強大之人都像格列佛（Gulliver）那樣被內心的焦慮與不安牢牢控制住了，但他們卻不知道如何去進行破解。

　　要是一位商人繼續讓手下那些總是偷竊他時間，每天占他便宜的員工繼續工作下去，你會對這位商人有什麼想法呢？你可能會覺得難以理解。但是，你可能就在心靈世界裡

做著同樣的事情。這樣一位心靈小偷產生的惡劣影響要遠遠比那些偷竊金錢或是物質財富的小偷要更可怕，因為這位小偷會讓你失去生命的能量，讓你失去活力，讓你無法去成就任何具有價值的事業。

難道我們會可憐那些異教徒以各種殘忍的方式去向他們崇拜的神致敬的行為嗎？但是，我們之中很多人都經常使用各種折磨心靈的方式去折磨著自己。

我們都是在自尋煩惱，在沒有遇到煩惱或是不安之前就提前感受到了各種可能發生的問題。在我們真正遇到某些問題之前，就已經在腦海裡打著各種煩惱的算盤了，期望著某些或許永遠都不可能發生的可怕事情。

我認識一些女人在打開電報之前，身體幾乎總會出現顫抖的情況，因為她們覺得電報上肯定是說某位朋友去世了，或是出現了很嚴重的災難。如果她們的孩子到外面出遊或是野餐的話，她們的心從未一刻停止過擔心。她們總是讓自己處於一種焦慮不安的狀態，時刻擔心著某些不祥的事情會發生在自己身上。

很多母親都是在這種毫無意義的焦慮與擔心中消耗了自身的能量，讓自己的神經處於過度緊繃的狀態。因為焦慮不安所消耗的能量，要遠遠超過她們日常所做家務事消耗的能量。很多母親還經常奇怪，為什麼自己在一天工作結束的時

候會感到筋疲力盡，從未想過其實自己已經在焦慮的過程中消耗了大部分能量。

很多人始終讓這些看似不起眼的憂慮與煩惱消耗著自己的生命能量，放任這樣的焦慮情緒，以一種可怕的速度消耗著我們的人生經歷，讓我們剛剛人到中年就顯得未老先衰，這難道不是很荒謬的事情嗎？請認真觀察一下那些才只有三十歲的女人那憔悴的面容吧，這並不是她們做了什麼勞苦勞累的事情，也不是因為她們遇到了什麼真正意義上的問題，而是因為她們養成了焦慮的習慣。這樣的習慣對任何人都是沒有好處的，只能為她們的家庭生活帶來不和諧的因素，影響到她們的家庭幸福。

我在某本書上讀到這樣一個故事，是說一位整天憂心忡忡的女人列舉了一連串她預感要發生的不幸事情，這些不幸的事情可能會嚴重摧毀自己的家庭幸福與福祉。後來，她不小心將這份清單弄丟了。讓她感到驚訝的是，在她後來發現這份清單的時候，發現上面沒有一件不幸的事是真實發生的。

難道這個故事不應該對習慣性的憂慮者有一定的啟迪嗎？你現在就可以寫下自己認為可能會變得糟糕的事情，然後將這張清單放在一邊。最後，你會驚訝的發現很少一部分不良的事情會最終發生。

看到許多精力充沛，擁有著上帝賜予的天賦，給人一種神性印象的男人與女人卻整天一臉愁容，內心裝著各種恐懼與不安，擔心著昨天、今天與明天可能會發生的事情，擔心著一切可能會發生的壞事。

　　每天早上，在來到紐約地鐵站時，我發現許多商人的臉上都是掛著一副僵硬緊繃的表情。當火車來到車站的時候，他們的身體會前傾，似乎他們能夠加快這個過程，節約一點時間。很多乘客在火車還沒有到站的情況下，就提前幾分鐘從座位上站了起來，準備著時刻走出火車。他們的每一個動作都展現出了一種焦慮，他們的行為展現出那種匆忙所帶來的緊張感，他們那張疲憊不堪的臉龐 —— 所有這些都說明了他們過著一種不正常的生活。

　　當一個人在毫無意義的焦慮過程中消耗了過多的精神能量之後，誰也不能正常的運用自身正常的能量。在這個世界上，沒有比憂慮的習慣更能摧毀我們的生命活力，讓我們無法充分釋放出自身的真實能量。

　　工作是不會累死人的，但是憂慮卻會將很多人活活累死。真正對我們帶來傷害的，並不是我們要做的工作本身，而是我們對需要去做的工作本身所產生的恐懼心理 —— 我們不僅在內心深處裡不斷的重複這樣的事實，而且還期望著這個過程中會出現一些讓人不愉快的事情。

我們之中很多人都會用一種相同的方式面對一個讓人不愉悅的工作，就好比一位跑步者在跑了很長一段路程之後，發現自己距離終點還有一段路程的時候，遇到了水溝或是小溪這樣的障礙物用來測驗他的腳步靈活性。但是，此時的跑步者已經筋疲力盡，沒有能力繼續跨越了。

　　憂慮不僅會消耗我們的活力，浪費我們的能量，而且還會嚴重影響我們的工作品質。憂慮會降低我們的工作能力。當一個人的心智處於困惑狀態時，那麼他是不可能獲得最高效的工作效率。想要我們的心智釋放出最佳的能力，那麼我們就必須要讓心智處於一種最自由的狀態。當我們的大腦感到困惑的時候，是很難進行清晰、認真與富於邏輯的思考的。當大腦細胞因為焦慮的情感而遭受到毒害的時候，我們就很難像之前那樣有著高度的專注力。那些習慣性的憂慮者的血液會受到一些有毒化學物質的影響。根據蓋茲教授以及其他著名科學家的說法，各種激動情緒以及其他一些情感會讓我們身體分泌出來的物質發生化學成分上的改變，在體內產生許多有害的物質，這對於我們的健康成長與做出有益的行為都是有害的。

　　大腦的細胞時刻浸泡在血液當中，大腦細胞就是以這樣的方式從中吸取營養的。當血液因為焦慮、憤怒或是嫉妒等情感而受到毒害的時候，那麼這些柔軟的細胞的原生質就會

變得僵硬，因此大腦細胞就會受到損傷。

　　憂慮情感引發的最可悲的結果就是對我們思考能力的傷害。這會嚴重堵塞我們的大腦，摧毀我們的思想，憂慮者所做的工作只能與自己的理想漸行漸遠，這通常會讓他們養成酗酒或是濫用藥物等習慣。憂慮帶來的持續惡劣影響包括讓我們的大腦細胞沒有機會去進行自我更新。之後，我們的大腦系統就會處於一種崩潰的狀態，遭受著失眠等神經症狀，有時這甚至還會讓我們出現失心瘋的症狀。

　　如果你無法在人生中獲得什麼大的成就，請努力擺脫憂慮的習慣吧。沒有比內心那些看似不起眼的焦慮與煩惱更能影響我們內心的和諧了。相比於繁重的搬運工作，難道蒼蠅的飛來飛去不是讓馬匹更加煩躁嗎？相比於拖著馬車前進，主人用皮鞭輕輕敲打著牠，不是更加讓牠感到煩躁不安嗎？

　　正是日常生活中各種瑣碎的事情，才讓我們無法真正感受到生活的美好與快樂，讓我們失去了自身所擁有的能量，讓我們不知道如何才能釋放出自身的能量。正是一個惱怒的男人或是女人一刻不停的責罵或是吹毛求疵的行為，才讓很多家庭的平和與幸福都被破壞掉了。

　　一個習慣性的憂慮者 ── 一個年老的女人 ── 曾對她的醫生說：「我的頭感覺有點昏眩，我可能失去了對事情進行憂慮的能力了。」要是很多人失去了憂慮的能力，他們就

會感到無比煩惱。他們認為憂慮是自己的一種責任，他們認為，如果他們不時刻對自己要做的事情感到憂慮，這就是他們做事不夠認真或是不夠忠誠的表現。要是他們不感到憂慮的話，就會認為自己對這些事情似乎不夠放在心上。

對某件事情進行期望，往往會讓我們遇上這些事情。對疾病的憂慮其實就是製造疾病的重要原因。眾所周知，歷史上很多因病而死的人都是因為對疾病的恐懼與擔心，而最終要了自己的命。

蓋茲教授曾說，當他將思想轉移到自己的一根手指，並且保持十分鐘的話，那麼這根手指就會充血，其溫度要比其他手指的溫度高出兩度。當我們對一些疾病的憂慮心理 —— 或是恐懼心理 —— 讓我們專注於身體的某個部分的時候，我們反而會認為這是因為遺傳而造成的。

很多男女就是因為長時間沉浸在對事情恐懼之中，最終成為了憂鬱症患者。如果他們只是偶爾覺得有點愚蠢或是心不在焉，如果他們的心智並不總是能做好事情 —— 其實這樣的情況對每個正常人來說都是經常會發生的 —— 那麼他們就會立即得出結論，認為自己的大腦可能是出現了某些問題。

毋庸置疑，現在所謂的「速食」習慣就是指我們在沒有恰當咀嚼消化之後就將食物吞到肚子裡去了，這是造成很多人消化不良的一個重要原因，這又是造成很多美國人產生憂

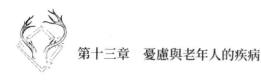

慮習慣的一個重要原因。

　　消化器官對於我們的憂慮情感是非常敏感的。當身體的消化系統出現了問題，這會讓我們身體的狀況出現嚴重的問題。

　　憂慮與恐懼的情感不僅會讓我們的頭髮變白，而且還會造成未老先衰的禿頂──這樣的症狀被稱為神經性禿頂。憂慮與恐懼的情感造成的另一個結果就是讓我們的臉部肌肉失去活力與彈性。達爾文說：「嘴唇、臉頰與下巴都會隨著我們體重的增加而逐漸下沉。」

　　憂慮的情感不僅會讓女性顯得更加衰老，而且還會讓她真的變得更老起來。憂慮的情感就像是一把鑿子，在她的臉上殘忍的刻下許多皺紋。我看到過不少人因為幾個星期沉浸在焦慮的情感當中，幾乎完全改變了之前的容貌，讓很多人都覺得他們就是其他人。

　　憂慮情感最惡劣的一種形式就是讓我們滋生對失敗的沉思。這樣的行為會嚴重摧毀我們的夢想，讓我們的目標失去活力，摧毀了當事人所堅守的目標。

　　一些人就養成了這樣一種不良的習慣，總是為自己過去的生活而長吁短嘆，總是在腦海裡不斷思考著自己的短處與缺陷，直到自己的人生視野都在不斷的後退，而不是繼續前進。他們用一種扭曲的眼光看一切事情，因為他們只能看到事物的陰影部分。

那些讓人留下糟糕印象的圖片在心靈世界停留的時間越長，那麼讓我們留下的印象就會越深，讓我們越發難以根除。

　　你是否聽說過某些整天焦慮之人遇到過什麼好事的情況嗎？憂慮的情感是否幫助過任何人改善過自己所處的環境呢？無論在任何地方，我們是否看到憂慮的情感帶來任何積極的作用呢？還是我們只能看到憂慮的情感損害著我們的健康，消耗我們的能量，削弱我們的工作效率呢？

　　難道我們不會深信一點，那就是一種超乎我們自身能力控制範圍的東西在控制著宇宙的一切嗎？每當我們產生憂慮的時候，這都會讓我們遠離成功的資本，讓我們更有可能面臨失敗的命運。我們內心感受到的每一份不安與焦慮都會在我們的身體上留下痕跡，打斷我們的身體與心靈的和諧狀態，嚴重影響到我們的工作狀態。這樣的狀況與我們最高層次的努力是完全相悖的，我們必須要努力消除這樣的情況。

　　因此，我們要停止憂慮。我們要停止這樣的習慣——如果我們必須要這樣做的話——就可以告訴每個人自己遇到的煩惱。要想驅趕這些煩惱，我們需要做的就是忘記這些煩惱，將這些煩惱全部埋葬，而不是不斷持續的傳播這些煩惱，讓這些煩惱始終困擾著我們。

　　我們可以透過保持較高的健康標準去改變憂慮產生的原因。當我們有著良好的消化系統，有著清明的良心以及舒適

的睡眠，這些都會協助我們扼殺許多不必要的煩惱。憂慮的情感在不正常的狀態下最容易出現，因為憂慮的情感很難在一個身強體壯的人——一個過著理智健康生活的人——身上出現。憂慮的情感只能出現在那些心智軟弱的人——身體活力較低，或是筋疲力盡的人——身上。

我們可以看到很多女性都試圖透過按摩、電子療法、鍛鍊、去除皺紋的面膜以及各種化妝方法去消除憂慮與不安情感帶來的各種不良結果。這些女性顯然是沒有意識到這樣一個事實，那就是最有效的美容產品就在我們的心靈世界裡。只有當她們擺脫了內心的憂慮情感，才有可能讓自己顯得容光煥發，重新煥發青春的活力。

沒有比愉悅的習慣，將事情做到最好，拒絕沉湎於生活中的陰暗面等做法，更能迅速的幫助我們趕走焦慮的情感了。

當你感到恐懼或是不安的情感正在進入你的思想，你只需要讓自己的思想立即充滿著勇氣、希望與自信就可以了。你要拒絕讓任何影響你獲得幸福與成功的敵人在你的心智世界裡扎根。你要像趕走吸血鬼那樣趕走這些情感。

當你找到了解藥之後，才能輕易的扼殺掉這些憂慮的情感。你始終都應該明白這點。你並不需要跑到藥店或是專門找一位醫生去看病。解決問題的根本方法始終都是在你自己

身上，你始終都能夠找到很好治癒自己心靈的辦法。你需要做的，其實就是用希望、勇氣、愉悅與安靜去替代沮喪、不安、悲觀以及憂慮等情感。相互對立的情感是不可能在我們的心靈世界裡共存的，其中一種情感的存在必然會趕走另一種情感。

帕蒂曾說：「當人們看到我的臉時，總是會經常問我是如何保養得如此年輕的，臉上沒有一絲皺紋。我告訴他們說，每當我感覺皺紋要爬上臉上的時候，我都會用笑聲去將它們趕走。我對那些想要保持年輕容顏的女性的建議就是：保持快樂的心態 —— 不要憂慮，要愉悅。」

第十三章　憂慮與老年人的疾病

第十四章
恐懼，人類的詛咒

恐懼的心理會讓一個人成為別人的奴隸，恐懼心理是暴政者套在別人身上的一條鎖鏈。焦慮不安是一種會讓生命變得極為痛苦的懦夫行為。

—— 坎寧（Channing）

恐懼心理是一種進入到空氣中的有毒酸性成分，這會讓我們的心靈、道德與精神的力量都遭受損害，甚至還會造成我們的死亡，讓我們自身的能量都處於一種停滯的狀態，讓我們無法繼續成長。

—— 霍瑞斯・弗列卻爾（Horace Fletcher）

什麼是恐懼呢？所謂的恐懼其實就是根本不存在的東西。恐懼是一種心靈的幻覺，其所謂的存在根本就沒有任何現實的根據。恐懼之於一個理性的成年人，就好比是鬼魂之於一個小孩。

恐懼情感以及其衍生出來的各種不良情感，都是沒有絲毫積極意義的，無論在任何地方任何時候，我們都可以看到恐懼是一種無惡不作的詛咒。雖然恐懼情感的背後根本沒有任何現實的根據，也沒有任何可以支撐其存在的事實，但是我們到處都可以看到許多人成為這種想像世界裡的魔鬼的俘虜。

恐懼心理是摧毀人類生活最致命的工具之一。恐懼心理會對我們每個人都產生一種嚴重惡劣的影響，讓我們的血液不像之前流動得那麼順暢，透過影響我們的消化系統，讓我

們無法得到充分的養分，從而影響我們的健康，降低我們的身體與心靈活力。恐懼心理會摧毀我們的希望，扼殺我們的勇氣，讓我們的心智能量變得軟弱，從而無法更好的進行創造與發明。

當一個人遭受著恐懼心理帶來的痛苦或是感到各種不祥的狀況會發生的時候，那麼他的工作效率必然是非常低的，他所做的工作也將不會很好。恐懼心理會扼殺掉我們的原創性，讓我們變得畏畏縮縮，缺乏足夠的勇氣繼續前進。恐懼心理會扼殺掉我們的個性，弱化我們的心靈過程。在恐懼心理的影響下，我們無法完成任何偉大的工作。恐懼的心理始終都在展現出一種軟弱，給人一種懦夫的感覺。恐懼會消耗我們美好的光陰，讓我們無法真切的追求幸福與自己的夢想。恐懼心理會嚴重摧毀我們的人生事業，讓我們找不到人生前進的方向。正如《聖經》上所說的：「心靈破碎的人會讓骨頭變乾。」眾所周知，心靈的沮喪 —— 內心的焦慮 —— 會嚴重影響到我們身體的內分泌系統，讓我們身體的組織缺乏前進的活力。

恐懼心理會壓抑我們正常的心靈活動，讓我們在緊要關頭無法做出睿智的選擇，因為當我們內心充滿著恐懼的時候，又怎麼可能會進行認真細膩的思考，從而做出正確的決定呢？

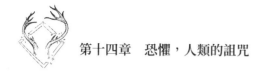

當一個人感到對自己要做的工作感到沮喪或是憂慮的時候，當他的內心充滿著自己可能會失敗的恐懼心理時，當他始終被貧窮以及痛苦家庭的鬼魅幻影所縈繞的時候，那麼在他對此沒有絲毫意識的情況下，就會吸引這些他所恐懼的東西，他所做的生意也會因此而遭受重創。但是，造成這一切的根本原因，就是他的心靈已經被恐懼心理給擊敗了。

要是一個人能夠拋棄恐懼心理，而是在心靈世界裡堅持富足的心態，懷抱著一種充滿希望與樂觀的態度，那麼他就能以一種具有遠見、系統化的方式去將事情做好。其實，真正意義上的失敗是極少的。但是，當一個人感到沮喪，當他失去了前進的鬥志與勇氣的時候，那麼他就會感到慌張，他就沒有處在一個能夠必然可以為自己帶來絕對勝利的位置上。因為，恐懼的心理始終在控制著他，讓他一步步的向後退。

要是一個人在尚未選擇戰鬥之前就退縮了，那麼他是絕對無法抵禦任何外在不良影響的。他的心靈態度會降低他的活力，削弱他的抵抗能力，降低他的工作效率，最終摧毀他的才華。

恐懼最糟糕的一種形式就是始終擔心著某些不祥的事情會出現，這些事情就像是火山口在爆發前上方的烏雲，隨時都有爆發的可能。

一些人始終承受著各種不同階段的恐懼心理帶來的痛

苦，他們似乎知道，一些不幸的事情即將會發生在他們身上，他們很快就會失去自己的金錢以及地位，或者說，他們害怕會遭遇各種意外或是某些致命的疾病正在他們體內慢慢生成。如果孩子們不在他們身邊，他們就會覺得孩子可能會遇到各式各樣的災難 —— 其中就包括火車出軌、乘坐的汽車燃燒起來或是船難等等。他們始終都在想像著一些最糟糕的情形。他們會這樣說：「你永遠都不知道將會發生什麼。我們最好還是要為最糟糕的事情做好準備。」

我認識一個多年來忍受著各種她所想像的可怕事情帶來痛苦的女性，她認為那些災難的事情必然會發生，這讓她感到非常絕望。但是當這些所謂可怕的事情最終出現的時候，她卻驚訝的發現，這些事情並沒有讓自己感到絲毫的恐懼。

對各種意外事件的恐懼心理讓我們的生活遭受著極大的痛苦 —— 我們擔心自己走在大街上會被汽車撞倒，擔心自己的身體會受傷，擔心自己會失去四肢，擔心自己會遭遇鐵路事故，擔心大海的風浪，擔心閃電會擊到自己，擔心地震會壓傷自己 —— 總之，我們是對各種想像出來的意外都充滿了恐懼心理！但是，我們依然能安然無恙的活到現在，我們沒有失去一根手指，身上也沒有出現一個疤痕。即使我們已經在這個世界上度過了大半生，但依然活得好好的，毫髮無損。

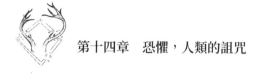
我們又怎麼能讓恐懼這個惡魔阻擋著我們前進的腳步呢？

很多女人都會對蛇有著一種莫名的恐懼，這讓她們在野外走路的時候始終都不敢玩得盡興。她們時刻想像著自己可能會不小心踩到一條蛇。這樣的恐懼心理毀掉了她們的假期，因為她們不敢到樹叢裡漫步，也不敢踩在草地上。

我認識許多女人生活在響尾蛇出沒的地帶，她們對這種蛇展現出了極大的恐懼心理，生怕出門會不小心遇到這種蛇，導致她們根本不敢獨自出門，並且生活在始終對這種可怕生物的恐懼心理當中。

一些人到熱帶地區旅行的時候，都會對有毒的昆蟲以及爬行動物充滿了恐懼。在他們到那裡之後，內心始終沒有感受到一絲的平靜。他們始終想像著那些可怕的生物會在晚上某個時刻爬到他們身上。

我認識一個男人在忍受生理痛苦層面上可以是說懦夫，他生活在一種對疾病的恐懼心理當中，認為自己始終會被各式各樣自己想像出來的疾病所擊倒。如果他覺得自己要感冒了，那麼他就覺得這一次的感冒肯定會非常嚴重。如果他的喉嚨痛，他就會認為可能是患上了扁桃腺炎了，這樣的想法讓他甚至不敢吃東西。如果他在吃了一頓美味的大餐之後，因為食物對心臟造成了些許壓力而產生了胃脹氣，這也會讓他擔心自己是不是得了很嚴重的心臟疾病。

他對自己的健康狀況總是表現得極為敏感，他的家人與朋友都對他這樣的做法非常反感。他一時想要關閉窗戶，一時想要晒太陽，一時又想要其他的東西，沒有人知道他到底想要什麼。他的朋友不願意邀請他去玩，因為他總是對食物表現得極為挑剔，他總是想像自己會在飯店裡被燒死或是在火車上遭遇出軌的事件，導致自己身亡。

　　誠然，這是比較誇張的情形，但是很多人卻活在同樣的恐懼的陰影當中，惶惶不可終日。我認識不少人，他們始終無法從生命中感受到快樂，有的只是感到無盡的恐懼。他們像奴隸那樣生活，賺取了足夠多的財富，但卻無法享受財富帶來的各種樂趣。他們以過分嚴肅認真的態度看待生活。他們始終擔心著自己某一天會失去財富，擔心著某些可怕的事情會發生，將他們擁有的一切全部帶走。

　　在人類的生活當中，消耗能量最為可悲的一種方式就是因我們對邪惡情況的預期，對未來可能會發生的事情抱著不祥的預感。無論在任何情況，恐懼與憂慮的情感都是沒有真正存在的根據的，因為恐懼與憂慮始終都是我們想像出來的東西，在現實生活中是完全沒有基礎與存在依據的。

　　我們所恐懼的幾乎都是那些目前尚未發生的事情。這些尚未發生的事情是並不存在的，因此這不能代表著一種現實。如果你真的為自己所恐懼的一種疾病而遭受痛苦，那麼

你內心的恐懼只會加重你的病情，讓你治癒的希望變得越來越渺茫。

恐懼的習慣會縮短我們的生命，因為這會損害我們的身心過程。恐懼心理所產生的強大能量可以透過這樣一個事實展現出來，那就是這會改變我們身體內分泌的化學成分。恐懼心理的受害者不僅會未老先衰，而且還會未老先死。

神經過分敏感的人以及那些身體屠弱之人，都是最容易產生恐懼心理的人。我們都知道，想像力是如何幫助我們誇大一些事情，而那些具有敏感心理的人以及那些身體屠弱之人，通常都會想像著最糟糕的事情會發生。身強體壯之人能夠將恐懼心理扼殺在萌芽之中，不會讓恐懼心理肆無忌憚的對自己造成嚴重的傷害。因為恐懼心理會降低我們的身體活力，讓我們的免疫力下降。

很多人始終都活在恐懼這個心靈魔鬼的控制之下，這樣讓他們無法過上正常人的生活。在他們還是孩子的時候，恐懼讓他們的心靈處於一種枯萎的狀態，無法得到健康的成長。當母親始終提醒著孩子要注意某些行為，不要去做這些事情，不要去做那些事情，否則就會面臨著各種可怕的後果，這樣的教育方法對孩子幼小的心靈造成了極大的負面影響。恐懼的陰影會在他們那顆敏感的心靈中生根發芽，直到這樣的心理最後根深蒂固，就像一頭惡魔那樣始終伴隨著他

們，摧毀著他們內心的平和，讓他們無法感受到幸福與快樂。我們對孩子們說的每一件恐怖的事情，讓孩子感受到的每一次心靈震撼，都會讓他們的心靈遭受重大的創傷，甚至會留下折磨他們一輩子的心理陰影。不安、恐懼、恐怖這些心理都會縈繞在他們的記憶深處，揮之不去。

當母親向孩子幼小的心靈灌輸許多帶有恐懼畫面的形象時，很少會意識到這樣做是一件殘忍的事情，因為這讓孩子們留下的心靈創傷會隨著時間的流逝而越來越深。

一個心智完全正常的孩子是不會遺傳有什麼恐懼的心理，也根本不知道恐懼到底是什麼意思。我們天生就不該被恐懼這頭心靈的惡魔所控制。所謂的恐懼心理，這其實是我們大腦臆想出來的怪獸而已，是我們自身思想與行為的一個產物。我們到處可以看到恐懼對人類生活造成重大災難。未老先衰的皺紋、灰白的頭髮，佝僂的身影以及不安的臉都充分說明一點，那就是恐懼的心理幾乎在許許多多人身上都能看到。

一名著名的神經專家曾說：「我幾乎每次都要不得不面對這樣一個可悲的事實，在所有過分羞澀的孩子裡，至少有百分之八十的比例是可以治癒與得到拯救的，治療的方法很簡單，就是透過合理的生理治療方法以及心理治療方法。其中的一個主要因素就是向孩子們灌輸無限的勇氣。」

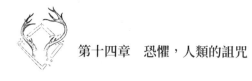

對母親與護士來說，向孩子們灌輸一些恐懼的思想，從而讓他們順服，這要比安慰他們，與他們講道理更加容易些。很多無知與缺乏思考的母親都經常會利用這種恐懼的方法去嚇唬孩子，她們認為這是讓孩子們聽話最迅速最有效的方法。

霍爾科姆醫生就曾說：「恐懼就像一條劣質的線，會漸漸的編織成生命的這張大網。我們從小就在恐懼與恐怖的氣氛裡長大，生育我們的母親在我們出生之前就已經心懷恐懼了。我們害怕自己的母親，害怕老師，害怕同伴，害怕鬼魂，害怕規則以及各種懲罰的教條，害怕醫生，害怕牙醫。我們的成年生活幾乎都是在一種慢性的不安情緒中度過的，這種所謂的不安其實就是恐懼心理的中度表現症狀。我們擔心自己會在經商中失敗，擔心自己會讓別人失望，擔心自己會犯錯，擔心敵人會來對我們造成打擊，擔心貧窮的生活會再度降臨在我們身上，擔心各種意外的狀況，擔心自己會患病，擔心著就會死去，擔心自己死了之後依然感到不快樂等等。可以說，很多人從出生的那一刻開始，直到他們最後一刻鑽進墳墓的時候，始終都在恐懼著，擔心著，他們成為了自己臆想出來的各種恐懼的受害者。他們不僅是自身思想的受害者，還是各種迷信、自我欺騙、感官幻覺、錯誤的信念以及其他具體的錯誤觀念的受害者。」

其實，絕大多數人都是愚蠢的孩子，他們擔心著自己的

影子，被恐懼的心理以各種形式限制著自己，讓我們無法提升生活與工作的效率。

最近，我們看到了一個壯觀的情形（很多人通宵達旦的排隊等候），要到實體銀行或是信託機構那裡提領出金錢，這就是許多民眾對經濟恐慌的恐懼情緒最好的證明。即使是在繁榮的時代，這樣的情況依然不少見。這場所謂的經濟恐慌背後其實根本就沒有什麼真正的原因，但這樣的恐慌情緒卻對經濟運轉造成重大的傷害。這場恐慌始於一些賭徒以及推廣者，他們假扮成銀行家，這些人利用神聖的信託資產去投資股票市場，透過這樣的方式去攫取暴利。可以說，這場金融風暴是一場晴天霹靂。在我們的國家經濟狀況面臨著前所未有的繁華時，這簡直就是不可想像的。現在，美國資金充足，失業人數相對較少。任何人只要有一些能力，只要他們願意去工作，都能找到一份屬於自己的工作。其他地區也沒有出現經濟波動的情況，我們的商業發展可以說處於歷史上一個最好的時期。

當這種不信任的情緒被某個城市少數幾位重要的經濟人物傳播出來之後，很多缺乏判斷力的盲目之人自然就會感到其中的恐懼，接著也開始傳播這樣的謠言，直到整個經濟環境都受到了較大的影響。最後，這種恐慌的情緒會漸漸蔓延到大眾，直到我們聽到一些勞工談論著世事艱難，看到很多

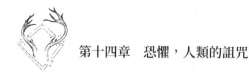
人在汽車、大街、餐館裡談論著經濟狀況不行的話題，想像著很多人從此失業，過著只能挨餓的生活。

換言之，當我們的心智沿著別人所期望的方向發展，並且相信這些事情必然會發生，那麼這些事情發生的機率就很高。如果他們停止談論這些事情，願意談論一些更為積極的話題，那麼他們就能將那些不良的情緒全部趕走。當然，恐慌的情緒背後通常都是有其真實存在的原因──比方說糧食的短缺──但是，即使出現了這樣的情況，媒體報導的情況也會因為恐慌的情緒而被大大的渲染了，其悲觀的預測往往也超過了現實的真實狀況。

我們之中很多人都因為擔心會遭受到別人的批評與嘲笑，而忍受著極大的痛苦！不知有多少人整天像格蘭迪女士那樣生活在恐懼當中，他們每走一步，都會擔心別人會對他們說三道四。很多人最擔心的就是別人對他們的批評。不知有多少人因為這樣的恐懼心理而讓自己早早的鑽進了墳墓！恐懼讓很多人的心智處於一種失衡的狀態，讓他們做出了許多犯罪的行為。恐懼心理造成了許多人類的悲劇。

這方面一個可悲的例子就是，一位印第安農民被邀請到他的一位醫生朋友的辦公室裡，這次邀請的本意肯定是好的。他發現幾名精神病人在那裡質疑他的理智。

「我的上帝呀，約翰！」他望著朋友大聲說，「你可以將

我送到精神病院嗎？」在他說完這句話之後，他就沉默不語了，接著就失去了意識，出現了半癱瘓的狀態，幾個小時後去世了。

一位荷蘭畫家進入了一個裡面放著人骨頭以及其他解剖物品的房間，以求在繪畫時做到更加逼真。他感到非常疲憊，很快就入睡了。突然之間，一場地震將他搖醒了。搖動的人骨頭展現出來的恐怖畫面使他留下了極為深刻的印象，讓他從窗戶中跳了出來。雖然他最後沒有受傷，但卻死於精神性震顫。

有很多士兵都是因為驚恐過度而死去的，因為他們認為自己的身體被子彈打穿，而事實上，子彈甚至根本就沒有進入到他們的身體。

紐奧良的威廉・E・派克（William E. Parker）醫生就說過，他曾負責救治一位被救護車送到醫院的黑人病人。負責開救護車的實習學生對這位黑人說，他在一場戰鬥中被一顆子彈擊中了，這隨時都會有致命的危險。這位學生的話讓這位黑人病人嚇得半死。雖然這位黑人體格健碩，精力充沛，皮膚黝黑，但是聽到這位學生說出這樣的話，還是嚇得臉色發白。派克醫生後來說：「抽搐性的震顫讓他幾乎處於一種瀕臨死亡的狀態。」後來的驗傷結果顯示，這位黑人身上並沒有流血，也沒有出現內出血的症狀。但這位黑人認為自己

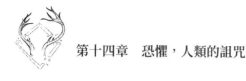

可能是某些東西擊中了，因為他的衣服上出現了一個洞口。在那位學生跟他說了那一番話之後，他內心的恐懼情緒不僅沒有消退，反而越發增長了。檢驗的結果證明了這樣一個事實，那就是子彈根本就沒有進入他的身體，而只是將他衣服上的一個鈕扣給弄掉了。當黑人的衣服被平放之後，醫生就將那顆所謂的子彈放在黑人面前，讓他好好的看看。這位黑人瞬間就發生了變化。他的臉上迅速恢復了血色，他的脈搏與體溫迅速變得正常，他那雙之前無神的眼睛閃爍著感恩的光芒，嘴角露出了一個人所能露出來的最開心的笑容。

這位黑人從病床上爬起來，為自己製造的這麼多不便深感抱歉，然後若無其事的走出了醫院。就在幾分鐘之前，他還以為自己就處在死亡的邊緣。

眾所周知，當一個人的腳陷入了被稱為鐵軌的「所謂的陷阱」時，他是無法將腳抽回來的。他意識到火車會朝他這邊衝過來，而自己根本就沒有逃脫的任何機會。死亡的恐懼情緒會隨著火車的漸漸到來而變得越發強烈，這樣的情緒會毒害他的血液。即使他最後真的獲救了，但他最後也免不了一死。

我們應該在學校的教育裡向每一位學生灌輸勇氣的概念，因為人們想要爭取的一切東西——成功以及幸福——都是取決於我們是否有足夠的勇氣去爭取。除此之外，勇氣還能增強我們其他的心靈功能。勇氣能夠彌補我們身上存在

的許多缺陷以及不足。

　　一個內心充滿著恐懼情緒的人，其實不是一個真正意義上的人。這樣的人不過是一個傀儡與玩偶罷了，因為這樣的人無法成為自己的主人，無法控制自己的心靈世界。

　　從今以後，你要停止對所有沒有發生的事情抱著一種恐懼情緒，正如你應該放棄所有一切讓你遭受著痛苦的不良行為習慣。你要讓自己的內心充滿著勇氣、希望與自信。

　　千萬不要等到恐懼心理在你的心智與想像世界裡根深蒂固之後，才想著要根除恐懼的心理。千萬不要沉湎於恐懼的心理世界裡。你要立即找尋消滅恐懼心理的解藥，恐懼這個心靈敵人才會迅速消失。在我們的心靈世界裡，是根本不存在著一種過分根深蒂固的恐懼心理，是我們無法用與此相反的其他情感去進行中和以及完全消除的。要是我們感到恐懼，勇氣就能幫助我們將恐懼情緒殺死。

　　一次，查莫斯醫生乘坐著一輛公共馬車，他注意到馬車夫約翰總是用皮鞭狠狠的抽著馬匹。於是，他就詢問約翰為什麼要這樣做。約翰回答說：「不遠處有一塊白色的石頭，這匹馬可能會對那塊白色的石頭產生恐懼的心理。因此，我用皮鞭抽打著這匹馬，就能將馬匹內心的恐懼情緒全部趕走。」查莫斯醫生回到家之後，認真詳細的闡述了這樣的思想，並且寫出了一本書。你可以透過讓一種全新的思想進入到心靈

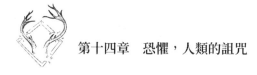

的世界，從而將恐懼的情感全部趕走。

　　恐懼情緒無論以任何形式呈現出來，都是與憂慮或是不安相類似的。一旦你的心靈世界裡充滿著勇氣、無畏、自信、希望、自我確定與自力更生的思想，那麼恐懼的思想必然會徹底消失。恐懼心理之所以產生，是因我們意識到自己的軟弱。只有當你懷疑是否有足夠的能力去處理事情的時候，才會產生這樣的恐懼心理。我們對疾病產生的恐懼心理，就是源於我們認為自己沒有足夠的能力去對抗疾病。

　　拿破崙曾經到過一間治療患有傳染性疾病傷患的醫院。當時即使是很多醫生都不敢到那些醫院去。拿破崙最後竟然將手搭在那些患有疾病的傷患上。他說那些對疾病不心懷恐懼的人，才能徹底征服這些疾病。

　　一位醫生在他著作裡就這樣闡述，很多疾病都是因為恐懼心理而造成的。「心智失常、白痴行為、身體肌肉以及器官功能的紊亂、容易出汗、輕症霍亂、黃疸病、短時間內頭髮變白、禿頂、牙齒的突然掉落以及致命貧血所帶來的精神緊張、子宮問題、母親在懷孕期間的胚胎出現了問題，還有一些皮膚疾病，包括丹毒、溼疹以及其他的疾病，很大程度上都是因為恐懼心理所造成的，這對我們的健康造成嚴重的傷害。」

　　醫生接著闡述：「當黃熱病、霍亂、天花、白喉以及其他一些嚴重疾病在某個地區出現的時候，就會有成百上千的

人成為自身心靈狀況的受害者。恐懼的心理會讓他們很容易患上這些疾病（因為恐懼心理會大大降低他們身體的免疫能力），從而讓這些疾病能夠肆無忌憚的進入他們的身體，對他們造成嚴重的傷害。」

在某次可怕的傳染性疾病爆發的時候，那些內心恐懼的人往往會在閱讀新聞報紙的時候，了解到這些恐慌心理正在慢慢的形成。他們的心靈就會充斥著各種關於疾病的鮮明症狀以及病人的各種慘狀 —— 嘔吐、精神失常 —— 最後就是死亡、哀悼以及葬禮。

霍爾科姆醫生是傳染性疾病方面的權威專家，他就對此表達了自己的觀點。他說，在極端恐懼的情形下，黃熱病的爆發並不需要任何細菌的存在。恐懼心理本身就是一種傳染性疾病。恐懼心理不需要我們說出什麼話，也不會有什麼明顯的特徵。但是，恐懼心理卻會像閃電那樣傳播出去。因此，即使是我們最好的朋友或是潛在的幫手，也可能會受到這種恐懼心理帶來的不良影響。

霍爾科姆醫生提到了美國南部一些州出現的對流行性疾病恐慌性行為。西元 1888 年，當黃熱病在傑克遜維爾市爆發的時候，這種心靈的恐懼幾乎在南部的每一個城鎮與村莊裡出現了。在很多城市與生活區域裡，人們的腦海裡都會浮現出這樣一幅恐懼的畫面：戲院被大火所吞噬，船隻在沉入大

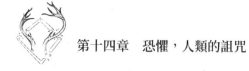

海，士兵們的屍體堆積起來，勇敢的人突然變成了懦夫，聰明的人突然變成了傻瓜，仁慈的人突然變得殘忍起來了。誠然，黃熱病帶給人們的道德傷害是需要慢慢修復的。

一位著名的醫學權威就曾說，在面對肺結核這種疾病的時候，我們正在見證著一種非傳染性疾病正在因為數百年來的恐懼、憂慮以及不安而逐漸變成一種傳染性疾病。毋庸置疑，許多人都因為心靈經常思考一些讓人不安的恐怖畫面，而讓自己逐漸培養了一些可怕的心靈疾病。盧米斯醫生還將肺結核列為一種瘴氣傳染性疾病，接下來，恐懼的心理就會讓病人自然而然的完成這個患病的過程。

俄國最近爆發的瘧疾疾病就充分顯示了恐懼心理對人們造成的極大傷害，特別是對那些無知的人。很多人在被送到醫院的時候，身上都表現出了患上這種疾病的所有症狀，而經過醫學檢查之後，卻發現根本就沒有患上這種疾病，有的只是他們內心的恐懼心理罷了。事實上，他們的身體根本就沒有展現出一絲疾病的徵兆。聖彼得堡市的治安官不得不發布了一份命令，要求人們停止對這種疾病產生恐慌心理。即使是那些真正患上這種疾病的人，他們也會在十五分鐘內就去世了。顯然，對這種疾病抱著一種恐懼心理，只會摧毀病人的身體抵抗力，加速他們的死亡過程。

除了中國之外，幾乎每個國家的所謂的神聖之書都過分

強調了恐懼所帶來的好處。很多國家過去都將恐懼視為一種精神控制的方法。即使是在當代，還是有不少家長用恐懼的心理作為管教孩子的一種方法。

我們經常談到的所謂「基督教」其實都是一種有名無實的東西，代表著歐洲異教徒們持有的各種封建迷信與基督教一些教誨的大雜燴，因此，這些教條經常會特別強調恐懼的動機，從而對一般人的心靈進行控制。

想像一下，過去那些牧師在布道演說時發出那些讓人恐怖的訊息，談論著永恆審判以及不可饒恕罪惡等內容，這會對一般人的心靈帶來多大的傷害啊！試想一下，這些恐怖的畫面會讓孩子們留下多大的心靈陰影啊？

很多人原本能夠過上幸福的生活，但卻因為擔心死後還要遭受各種懲罰而感到無比痛苦。我見過許多母親多年來之所以過著痛苦的生活，就是因為她們的兒子或是女兒無法接受永恆懲罰的觀點，無法相信造物主會徹底摧毀祂的子民想要追求和諧與幸福生活的努力。

誰能估量過去那一套永恆懲罰以及地獄之火的學說，對早期的清教徒以及後來的教徒造成了多大的心靈痛苦，讓他們的內心感受到了毫無根據的痛苦之情呢？毋庸置疑，過去那些牧師顯然是真心相信自己是可以將恐懼心理視為一種遏制犯罪的工具，從而搬出了永恆懲罰那一套的說辭來嚇唬

世人。但是，誰能估量這些說法對世人造成的重大心理傷害呢，誰能估量那些可怕的心靈暗示對許多好人造成的極大傷害呢？如果每個時代的教誨都強調著愛意在改革人心以及煥發活力方面所具有的重要作用，那麼今天的人類文明肯定要比之前更加發展，讓我們能夠更好的擺脫歷史上最為可怕的敵人——恐懼心理。

　　無論是大事還是小事，無論是看得見的還是看不見的，絕大多數人都會被這些事情所困擾。數百萬人被各種愚蠢的封建迷信牢牢的控制著心靈。我們依然被各種有害的傳統文化所桎梏，很多代表著好運或是霉運的神話故事，直到現在依然會對我們造成嚴重的心靈障礙。我們依然是很多基於無知觀念的思想的奴隸。這些不良的思想早應該被教育與科學的發展所掃除了，而不應該成為許多當代人無法逾越的一道鴻溝。

　　很多人雖然在嘲笑著這些愚蠢的封建迷信，但他們卻在無意識當中受到了這些迷信的影響。不知有多少聰明的人會受到星期五以及數字十三帶來的不良影響。對一個只有十歲的小孩來說，要相信單純的一個數字就擁有著傷害他生命的力量，這幾乎都是非常愚蠢的看法。但是，很多成熟的男女卻將之視為一種實質性的傷害。一些飯店甚至根本就沒有房號為十三的房間，因為他們認為這些房間是沒有客人要入住的。很多建築師在建造房子的時候都不會寫下號碼，他們往

往會用數字 12.5 去代替數字 13。

　　想像一下那些沒有生命力的信號或是其他機械性的數字吧，在茫茫的歷史裡，這些日子或是數字根本就不能產生任何不良的影響。但是，很多人卻將這些數字視為一種能夠決定他們命運的東西！如果數字十三真的能夠對一個人產生不良的影響，那麼我們又該怎麼去做呢？在這個世界上，任何事情都是有因有果的。這些數字能夠對我們帶來什麼壞處嗎？這些數字背後是否隱藏著某種生命，是否具有某種力量呢？這些數字能夠創造出什麼東西來嗎？人們對這些數字是否有著極為深入的了解呢？這些數字本身是否具有什麼智慧呢？人們是否看到過這些數字獲得過什麼成就嗎？

　　演員與歌手這些人，一般都是這些封建迷信的受害者。關於數字十三的一個有趣例子就發生在紐約。

　　在曼哈頓歌劇院裡工作的一位義大利導演，他乘坐著德國勞埃德號汽船抵達了紐約港，時間是 10 月 13 日。雖然曼哈頓歌劇院的經理奧斯卡‧漢默斯坦（Oscar Hammerstein）懇求他立即上岸，但是導演以及其他的歌手都不願意上岸，按照他們的說法，這是因為他們擔心在 13 號這一天上岸，這會對他們的人生造成嚴重的不良影響。

　　導演在接受一位記者採訪時表示：「顯然，這是非常有趣的。但是絕大多數義大利人以及演員都不願意在一個月的

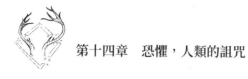

十三號這一天去做什麼重要的事情。要是我在昨晚登陸上岸的話，我會感到非常不滿，我的妻子也會感到非常不滿的。如果昨晚就登陸上岸的話，我們就會對這一季的曼哈頓歌劇院表演是否成功產生疑問。這並不是因為我們對自己是否為世界上最成功的表演團體產生疑問，而是因為我們在這一天上岸的話，就會對我們的整個公司產生一種不良的影響。正是基於這樣的考量，我絕對不能在昨天上岸。」

　　一個星期裡隨機選擇的一天，又怎麼可能會對人們產生什麼嚴重的影響呢？我們稱之為星期五的這一天，其實就是我們人為對時間的一種劃分方法，這是人們為了方便記錄而起的。星期五這個單字是否具有什麼真正的意義呢，是否具有生命力或是真正具有力量的東西呢？如果沒有的話，星期五這一天又怎麼會對我們的人生造成什麼不同的影響呢？儘管如此，「不幸運的星期五」的迷信還是會對很多人造成嚴重不良的影響。許許多多的男人與女人都從未想過要在這一天開始自己的旅程或是去做重要的事情。

　　還有一些人則是所謂算命之人的奴隸。試想一下，許許多多人之所以感到不快樂或是失去勇氣，就是因為這些本來就無知之人所給出來的一些荒誕不經的話語。我認識一些非常具有智慧的男女就特別信這些江湖術士的話語。他們在做任何重要的事情之前，都會詢問一下占星家或是算命先生。

如果他們失去了什麼東西，也會立即找這些人尋求建議。

試想一下，要是這些算命先生說厄運將會在未來某個時候降臨，說他們將會失去自己的妻子與孩子，或是說他們將會在四十歲的時候就死去。

難怪很多這些事情都會出現，因為這其實是遵循著一個科學的心理規律，那就是我們所恐懼的事情往往都會發生在我們身上。

當拜倫爵士還是個男孩的時候，一位算命先生就說他會在十三歲那年死去。這樣的思想一直縈繞著他。當他在三十八歲那年真的生病的時候，他說自己是沒有康復的希望了，而自己也是注定要在這一年去世了。這樣的信念摧毀了他抵抗疾病的能力，讓他最終去世了。直到最近，一個紐約人選擇了自殺，這是因為他的占星學家警告他即將會在一個月裡的三天 —— 每個月的十三號，二十七號以及三十號 —— 遭遇到一些讓他失去生命的事情。

要是孩子們從小就在黑人保姆照顧下長大，要想說服孩子們這個世界上不存在著諸如鬼魂這樣的東西，這是不大可能做到的。那些黑人保姆往往會談論這個妖魔鬼怪去嚇唬不聽話的孩子。這些孩子從小就認為，如果他們一個人來到黑暗空間的話，就會被鬼怪纏身。很多住在南方的白人從小就被灌輸這樣的迷信思想。

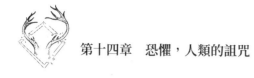

　　很多充斥著愚蠢與無知封建迷信思想的書籍不僅束縛著野蠻人，以及沒有接受過多少教育的現代人，而且還讓世界各地許多接受過教育的人都受其桎梏。無論在任何地方，封建迷信幾乎都伴隨著無知。一個人越是無知，他就越發的相信這些迷信思想。當人們變得思想越開明，接受的教育程度越高，那麼他們就能越自由，更好的擺脫所有封建的思想。

　　要想消除所有的錯誤並不是很容易的，但是教育與學校以及當代的許多報紙期刊都應該是埋葬許多封建思想的場所。當一個年輕學生開始為自己思考，睜大雙眼的時候，他應該將自己感受到的恐懼與自身的無知相連起來，然後為自己的無知而感到無比慚愧。

　　消除封建迷信思想或是恐懼心理最好的方法，就是明白所有這些在現實生活中都是不存在著實質性的基礎，而只是屬於我們想像世界裡的一部分而已，這是我們病態的心靈想像出來的東西。一個心智完全健康的人是根本不會感到恐懼的。

　　如果所有階段的恐懼心理都能從人類的心智世界裡消除掉，那麼人類的文明將會實現跨越式的發展。讓很多人停滯不前的，其實就是內心世界裡的恐懼。相比於人們在現實生活中遇到的各種真正的原因，恐懼的心理為人們帶來了更多的痛苦、更多的損失、更多的失敗，讓更多人成為了自身的

奴隸。儘管如此，恐懼這頭心靈的惡魔依然牢牢的控制著一些人的生命，我們是絕對可以征服這頭惡魔的，讓自己重新獲得內心的寧靜，過上幸福的生活。

全新的哲學告訴我們一點，我們就是自身命運的主宰者。我們可以透過與恐懼相反的心理暗示，去將任何影響我們過上富足與幸福生活的敵人全部扼殺掉。這種全新哲學告訴我們，這個宇宙中沒有任何能力能夠對我們帶來不幸。相反，我們每個人身上都具有一種強大的創造性能量，這種能量能夠幫助我們、保護我們，為我們帶來富足與美好，讓我們的心靈能夠感受到一切幸福與美好的祝福。

未來的人將不會被各種形式的迷信思想所桎梏或是束縛了，他們也將不會感到恐懼了，因為他們知道所有的恐懼心理其實都代表著一種所謂的鬼怪，這些都是根本不存在的，只是我們內心的一種幻影，是扭曲的想像力與無知的一種產物。

第十四章　恐懼，人類的詛咒

第十五章
自我控制與外露的激動情緒

曾有人說：「向我證明一點，你能夠控制自己，我才會說你是一個接受過教育的人。要是你無法控制自己，你所接受的一切教育都是毫無意義的。」

當一個人無法成為控制自己的國王，那麼他是很難有所成就的。

缺乏自我控制能力摧毀了許多原本擁有雄心壯志、才華出眾、接受過高等教育的人，讓很多有機會出人頭地的人徹底失去了前進的機會。

每一天的報紙都在告訴我們，許多人在一怒之下對著別人開了一槍，這一槍可能會讓他們失去朋友，自己的生命或是一輩子的自由。

去問問我們國家那些監獄或是教養所裡的罪犯吧，問問他們瞬間的衝動為他們帶來了怎樣的後果。不知有多少不幸的人就是因為一怒之下而失去了人生的自由，這樣做竟然只是為了滿足一分鐘的快感。當他們殘忍的向別人開槍，但他們在那個瞬間扣下了扳機，他們的朋友就永遠的離開了這個世界，所犯下的罪行永遠都無法抹去。

哦，當流淌的血液還因為憤怒而變得滾燙時，悲劇其實已經釀成了。

很多人就是在一怒之下失去了自己所處的好位置，浪費掉了自己為之奮鬥了一輩子的機會。很多人就是在怒髮衝冠

的時候，將自己的人生前程全部毀掉了，將自己多年來辛辛苦苦付出的努力全部拋在腦後。

我認識一位很有能力的編輯，他在這個國家的許多份最好的報紙上都有著不錯的位置。他在許多個話題上都有過精闢的論述，是一位精力充沛，觀點鮮明的雜文家，也是一位優秀的歷史學家，一個待人熱情的人，他願意幫助別人。但是，他的人生卻幾乎可以說是失敗的，因為他有著極為火爆的脾氣。在憤怒的時候，他會毫不遮攔的說出心中的話，這些話往往會讓他失去多年來辛辛苦苦打拚而來的位置。他的確擁有著很強的能力，但他的人生卻是每況愈下，現在根本是沒有能力養活自己的家人。現在，他肯定也意識到了自己就是自身火爆脾氣的受害者。

我們到處可以看到一些無法控制自身脾氣的人在幾秒鐘之內失去脾氣，從而失掉了自己在幾個月或是一輩子裡辛辛苦苦為之努力的一切。他們始終在不斷的攀登，卻又在不斷的後退。

我認識一些老人，他們的事業就是因為自己的火爆脾氣而無法成功。他們無法與持不同意見的人互動，總是想著要「教訓」一下別人。無論火爆的脾氣會如何損害他們的利益或是動搖他們的品格，他們總是無法控制自己的行為。

當你的脾氣上來的時候，想著要狠狠「教訓」一下別人，

這可能會對你的生意帶來嚴重的傷害。

　　我認識一位很有能力的商人，他就是在自己感到憤怒的時候說出了自己的想法，幾乎徹底毀掉了自己的名聲以及商業夥伴。當他的脾氣上來之後，就會說出一些極為惡毒與難聽的話。他會對著別人指名道姓的開罵，根本不講什麼理智或是禮貌。手下的員工有時根本無法忍受他，只能離開他。對他來說，在憤怒的時候還顧及其他的事情，這幾乎是不可能的事情。

　　我看到不少人在被激動情緒或是憤怒情感控制之後，表現出來的行為更像是惡魔，而不是一個真正意義上的人。我還記得，一個人因為某些事情突然發起火來，竟然將附近的一切東西全部砸掉，接著就對任何阻攔他的人或是試圖說服他的人口出惡毒之言。我還看見過他在憤怒的時候，會想著用木棍或是鐵棍殺死動物。他的雙眼閃爍著只有瘋子才會有的凶光，每一個認識他的人此時都會拚命逃跑。在那個時刻，他就是一個徹頭徹尾的瘋子，對自己的所作所為根本沒有一點感知。在他的激動情緒風暴褪去之後，雖然他看上去還是一個強壯之人，但他的身體活力卻是已經被徹底耗光了。

　　一個無法控制自身激動情緒的人，在那個時刻可以說就是一個失心瘋的人。這些人此時成為了內心魔鬼的奴隸。當一個人無法完全控制自己的行為，那麼他就不是一個理智之

人。當一個人無法控制自己的行為時，就有可能做出讓自己一輩子都感到後悔的事情。很多人都是懷著後悔的心態回望自己之前那些不堪回首的往事，他們過往的生活充斥著各種恥辱與慚愧，這都是因為他們之前不懂得如何控制自己。

任何的作家與藝術家都無法完全將邪惡激動的家族 ── 嫉妒、仇恨、報復與憤怒等情感 ── 對人類帶來的傷害全部列舉出來。只需要想像一下，若是我們多年來一直心懷著要報復仇人的想法，等待著機會去對某人實施報復的話，這會對我們的心靈帶來多大的傷害啊！

想像一下，若是我們突然間爆發脾氣，這會對我們整個人的心靈與身體系統造成多大的傷害啊！這對我們的傷害甚至要超過正常狀態下工作幾個星期的傷害！如果你最終冷靜下來了，意識到發生的事情，你會對這樣的後果感到萬分驚訝，為自己之前的行為感到無比的自責，為自己失去自尊的行為，為自己傷害別人尊嚴的行為感到無比羞恥。

相比於一個酒鬼做出的行為，一時的憤怒對人們的身體與品格造成更嚴重的影響。仇恨的心理可能要比酒瓶對我們的人生帶來更大的傷害。嫉妒、羨慕、憤怒以及不可控制的悲傷情感，要比多年來過度的抽菸對我們的身體帶來更大的傷害。不安、焦慮與責罵要比香菸為我們帶來更大的傷害。

「很多人在今天之所以狀態不佳，就是因為憤怒的怒火最

近剛剛將他們燒了一遍。」

　　毋庸置疑，不受控制的情感讓很多人早早的鑽進了墳墓。有些人在瞬間的暴怒會讓他們在之後幾個小時裡身體顫抖，讓他們根本無法投入到正常的工作與生活中去。

　　我認識一家人就是因為一時的憤怒而讓他們的身體處於嚴重不佳的狀況。他們在劇烈的爭吵之後，往往會身體羸弱起來。他們每個人表現出來的爆炸式的激動情緒，幾乎會讓彼此都感到身心俱疲。他們的臉龐在很短的時間內就發生了改變。你可以看到各種激動情緒的惡魔在他們臉上「打鬥」過的痕跡。我們都知道，這樣的爭吵、背後的誹謗行為、嘲笑挖苦以及批評的行為，都只能產生這樣一種結果。在這樣的狀況下，我們是無法過上和諧的生活。

　　不知有多少人是一種無意識激動情緒的受害者，不知有多少的家庭成員或是朋友因為我們一時的憤怒而遭了殃。就在十分鐘之前，我們都能夠彼此和睦的相處。但在十分鐘之後，大家卻是對彼此造成了嚴重的傷害！一些天性善良的人在被激動情緒蒙蔽雙眼的時候，往往也會做出一些讓人匪夷所思的不當行為，這真的是讓人深感可悲。

　　我認識的一位女性就是無法一個無法控制自身憤怒情緒的人。當她的憤怒情緒逐漸消退之後，她會覺得筋疲力盡。在發怒之後的許多天裡，她就像是一個小孩那樣孱弱，看上

去她剛剛遭受了一場大病或是一場嚴峻的考驗似的。當憤怒的情感經過她的心靈世界之後，她的身體往往會出現不適的狀況，並且會伴隨著頭痛症狀的出現。

醫生們都深知一點，那就是瞬間爆發的嫉妒情感會讓我們的神經系統處於一種癱瘓的狀態，讓當事人在很長的一段時間內都無法以正常的思維狀態去思考事情。我認識一位女性就是受制於這種嫉妒情感長達一年之久。一年之後，她的朋友幾乎都認不得她現在的模樣了。

當嫉妒的情感占據了我們的心靈世界，這會改變我們生命的顏色以及我們對人生的視野。我們所遇到的一切事情都將會被這種消耗心神的激動情緒所控制。我們的理智功能會遭受嚴重的破壞，我們會成為這些不良思想的奴隸。即使是我們的大腦結構也會因為這種可怕的心靈敵人而發生改變。

我們經常可以看到，很多人就是因為一時的衝動或是激動情緒而失去生命的。突然之間爆發出來的憤怒，無論這是出於什麼樣的原因，都會對我們的神經系統造成嚴重的影響，有時這甚至還會讓我們的心臟停止活動，特別是在我們心臟器官的功能本身就不是很好的情況下。劇烈的憤怒情感通常會讓當時人患上中風。一時的憤怒情緒會瞬間經過大腦，在我們的體內產生一種有毒的物質，為我們帶來各式各樣的災難。

要是我們經常允許自己沉湎於一時的憤怒、嫉妒、仇恨與報復等情感，我們就會成為這種自我羞辱以及失去自尊等結果的受害者。但是，我們沒有意識到這些瞬間爆發出來的激動對我們的身體造成的永久性傷害，這樣的傷害往往是不可修復的。這樣的行為會對我們整個人的身體以及心靈都造成持久性的傷害。

　　心靈世界裡的任何一種不受控制的激動情緒其實都會改變我們體內分泌系統分泌出來的化學成分，產生一種致命的毒素。因為這種心靈的能量是沉默的，我們並沒有意識到這種能量到底有多麼的強大。我們已經習慣性的將疾病以及各種可能性的身體疾病都視為是身體出現紊亂的一種結果，並且將這些疾病與其他的藥物連結起來。我們是很難將這些因為心靈不安或是內心失衡造成的身體疾病與真正意義上的疾病去進行區分的。

　　眾所周知，一時的憤怒會讓我們的心臟遭受劇烈的影響。精神物理學家們已經發現了一點，那就是在我們的激動情緒消退之後，往往會在我們的血液裡留下一些毒素。這也解釋了為什麼我們在表現出恐懼、憂慮、憤怒以及嫉妒等情感之後，都會感到筋疲力盡，神經緊張。這是因為心靈的毒藥以及其他有害的分泌物殘留在我們的大腦與血液當中，無法以正常的途徑排解出去。

無論人們的體質多好，誰都無法完全克服不受控制的激動情緒對我們的身體帶來的各種即時的不良影響，無法將這樣的不良影響從我們的神經中樞中完全趕走。每當你感到憤怒的時候，其實就已經將自己正常狀態下的心靈以及身體過程全部扭轉了。你身上的一切器官都會想辦法對抗這樣的情緒風暴，你的每一種心靈功能都會反對你做出的一些過度的行為。

　　如果人們能夠意識到一味放縱自己的不良脾氣會對他們的神經系統造成多大的危害，如果他們能夠看到一時的憤怒會對他們的身體造成多麼不良的影響，那麼他們就會明白一時的激動情緒所產生的作用其實與颱風差不多。當他們明白了這點之後，才不會輕易的感到憤怒。

　　憤怒的情緒所催生出來的毒素會在血液裡不斷循環，影響著我們整個身體的生命活力。大腦的敏感細胞、神經細胞以及所有的內在器官，都會因為這種毒害血液的物質而遭受損害。

　　那麼多人健康不佳或是體質不行的一個原因，就是因為他們體內的細胞生命始終都因為被毒害的血液而處於一種營養不良的狀態當中。當一個人的心靈毒害過程始終在影響著他的身體系統時，任何一個人都無法過上一種豐富美好的生活，無法讓自己處於最佳的工作狀態，無法將自身最高的效率充分展現出來。

第十五章　自我控制與外露的激動情緒

　　沒有比不受控制的脾氣、嫉妒情感或是各種形式的憤怒情緒，更能對我們敏感的神經系統造成不良的影響了。我們的大腦與神經機制本該在一種安靜的狀態下正常工作的，才能使之處於一種和諧的狀態。當我們的身體處於一種良好和諧的狀態時，就能夠讓我們以高效的狀態去完成工作，過上幸福的生活。同時，我們也需要明白一點，我們的身體就像是一架做工精緻的機械，一旦超速或是沒有進行恰當的保養，或是任由其平衡的輪子出現了問題，那麼這樣的機器很快就會報廢掉。

　　那些經常責備他人、內心焦慮與感到憤怒的人，其實都是那些被自身脾氣控制的人，這樣的人很少會意識到這樣的脾氣對自己帶來了多大的傷害，也根本沒有意識到這樣的行為會嚴重傷害自己的健康，縮短自己的人生壽命。

　　那種認為人們不能完全控制自己，無法對自己進行深刻徹底訓練的教育肯定是存在著某些問題的，因為每個人絕對可以成為自己的控制者，成為自己的主人，而絕對不能只在某個時刻或是某個時候才能夠真正控制自己。一個人應該努力將心靈中的野獸牢牢的關在籠子裡，不能讓這頭野獸在心靈的世界裡到處亂跑。

　　一位人相學家就曾說：「蘇格拉底的相貌顯示了他是一個愚蠢、野蠻與追求感官刺激的人，並且還喜歡酗酒。」蘇格

拉底對此這樣進行辯解：「從人的本性來說，我的確是沉湎於所有這些罪惡。但是只要我經常實踐美德，就必然能夠將這些本性牢牢的控制住，最終讓它們消失不見。」

造物主在每個人身上都灌輸了一種神性的能量，這種神性的能量絕對不是那些最糟糕的激動情緒所能夠取代的。一個人知道如何培養與運用自身的能量，那麼他就不會成為任何一種惡習的奴隸。

莎士比亞曾說：「如果你還沒有美德的話，現在就該努力培養一種美德。」

愛默生也曾強調說：「如果你想要培養某種美德，現在就要假設自己已經擁有了這種美德，然後好好的加以實踐，像一位偉大演員那樣認真的感受著具有這種美德之人表現出來的行為。」無論你有著怎樣的缺點或是你對此感到多麼的遺憾，你都要始終堅持樂觀積極的心態，直到你最終能夠將所有不良的思想習慣全部趕走，過上你想要的生活。你不能過著一種軟弱或是殘缺的生活，相反你應該過著一種堅強與圓滿的生活。你應該始終堅持一種高效的品質與功能，而不能讓自己的人生顯得那麼軟弱與低效。達到這個目標或是有所成就的一種方法就是全身心的投入進去，然後按照自身對目標的專注程度以及堅持程度，努力的實現這樣的目標。

如果你存在著會衝動或是感到憤怒的傾向，或者說如果

你會因為一些最瑣碎的事情而感到無比憤怒的話，那麼你千萬不要將時間浪費在為自己的錯誤感到遺憾上面，不應該告訴每個人說你對此無能為力。你只需要讓自己擁有一種冷靜、安靜且平衡的心靈姿態，努力讓自己成為心目中理想的那個自己。你可以努力說服自己，說你不是一個急性子的人，也不是一個神經緊張、容易興奮的人，對自己說你完全有能力控制自己的一切行為，告訴自己你是一個心智平衡的人，你絕對不會因為別人的一些小冒犯而怒髮衝冠。之後，你會驚訝的發現，當我們始終堅持這些安靜、平和的心靈態度時，這些思想將會漸漸融入到你自身思想的一部分。無論你遇到什麼事情，無論這些事情看上去多麼讓人感到惱怒或是不安，無論你身邊的人看上去顯得多麼興奮或是躁動，你都絕對不應該脫離這樣的核心指導理念。我們現在是怎樣的人以及我們未來能夠成為怎樣的人，這些都是源於我們自身的思想的品質與能量。

壞脾氣在很大程度上是錯誤的驕傲、自私以及廉價的虛榮心的結果。真正具有能力的人是絕對不會被這些錯誤的驕傲、自私以及虛榮心所控制的。因為這些所謂的特質根本就不存在著任何一絲高尚的東西，這只會讓我們為了一些所謂的虛名而進行爭奪，這會讓我們在很短的時間內與自己最好的朋友成為敵人。

我們都知道，當因為憤怒而變得滾燙的血液流經大腦時，這會讓我們很難控制自己的情感以及說出來的話語。但是，我們還需要明白一點，那即是成為自身脾氣的奴隸，這是多麼危險以及致命的一件事。這不僅會摧毀我們原先的性情，嚴重降低我們的工作效率，而且還會讓我們感到羞辱。因為一個不能控制自身行為的人必須要坦誠一點，那就是他不是自己的主人。

即使你只是從理智的寶座上離開幾分鐘，這都是極為危險的，因為這可能會讓你內心中的野獸將你牢牢控制住。很多人就是因為養成了無法控制自己脾氣的習慣，而過早的變成了精神失常的人。

試想一下，一個想著要成為掌控宇宙中所有能量的人若是從理智的寶座中走下來，承認自己在某個時刻並不是原來的自己，坦承自己沒有足夠的能力控制自己的行為，允許自己去做一些卑鄙或是低俗的事情，允許自己說出一些傷人心扉的話語，對一些無辜之人說出諷刺嘲笑的話，這根本就不是一個真正意義上的人。試想一下，這樣的瘋狂行為會讓一個人將他最好的朋友擊倒在地，或是用惡毒的語言將他的朋友殘忍傷害。

憤怒代表著一種暫時失去理智的行為。當一個人被心靈的魔鬼牢牢控制住，沒有了對生命以及名聲的尊重，甚至會

受到內在心靈惡魔的驅動，毫不猶豫的將自己最好的朋友殺死，這樣的人可以說是一個失去理智的瘋子。

　　小孩從小就能從生活經驗中明白，必須要避免用手去觸碰那些滾燙的東西，因為這可能會傷到他們的手，也不能去觸碰那些尖利的東西，否則會割破自己的手。但是，很多成年人卻始終沒有學會要遠離會為他們帶來幾天或是長達數週傷痛的不良脾氣。

　　那些掌握了正確思考與自我控制祕密的人都知道，怎樣做才能更好的保護自己不受各種心靈敵人以及身體敵人的傷害。他們知道當大腦因為激動情緒的火焰而處於熊熊燃燒的時候，我們的憤怒與發狂只會助長這樣的勢頭。我們應該採取相反的方法，那就是用安靜、平和、和諧的思想去漸漸的讓自己平復下來。相反的思想能夠迅速的將我們內心燃燒的情緒火焰漸漸撲滅。當鄰居的房子著火了，我們不可能拿出油箱裡的油去滅火的。我們知道不能用汽油去滅火，而應該用水去滅火。但是，當一個孩子因為某些激動情緒而感到憤怒的時候，我們卻習慣性的使用添油加醋的方式去試圖將他們的憤怒撲滅。要是我們教育孩子們從小就培養自我控制能力，透過恰當的方式去對他們進行指引的話，那麼他們長大之後將不會面臨著那麼多的痛苦，也不會做出那麼多的罪行了。

如果我們看到了某個人深陷沼澤之中，絕望的掙扎著想要抽身出來，我們就會毫不猶豫的跑過去營救他。我們絕對不會落井下石，讓他處於更加恐慌與危險的境地。但是不知怎的，當一個人感到憤怒的時候，我們往往不是想辦法去消除他憤怒的火焰，而是想辦法添油加醋。很多脾氣不好的人往往都會對那些能夠幫助他們的人心存感激，感激這些人能夠幫助他們控制自己，沒有做出一些讓自己日後可能會感到後悔的事情。

　　當你下次看到一個人憤怒的激動情緒剛準備要爆發的時候，你就可以知道他已經盡最大的努力去控制自己了。此時，你為什麼不去幫助他一下呢，為什麼還要繼續向他添油加醋，讓他的憤怒之火熊熊燃燒起來呢？

　　當你能在此時伸出援助之手，這不僅是幫了他的一個大忙，而且還能增強你的自我控制能力。那些無法控制自己的人其實就像是沒有了方向盤的水手 —— 這些人只能被每一個風浪所控制。每一次情緒的風暴，每一次不負責任的想法都會為我們帶來不良的影響，讓我們偏離之前的航向，讓我們始終無法實現心中所願。

　　自我控制是品格的本質內涵。我們應該要能夠以深思熟慮之後的冷靜眼神去望著一個人，能在遭受極度挑釁的時候都保持克制，這會給人一種強大的力量感。為了讓你始終感

覺是自己的主人，你就該保持自尊以及品格的力量，你應該
從各個方面去增強這些修養。這才是你控制自身思想的一種
終極表現方式。

第十六章

愉悅的心態 —— 上帝賜給的良藥

歡樂是上帝賜給的寶藥，每個人都應該好好的享受其中。過度的憂慮、不安以及焦慮 —— 這些都是生命留下來的鏽跡 —— 全部應該被歡樂的「潤滑油」給消除掉。

—— 奧利弗・溫德爾・霍姆斯

「談論幸福吧！這個世界已經足夠多的悲傷了，再也容不下你的悲傷了。」

加州的一位女性因為遭受了沉重的打擊，變得沮喪與憂鬱，晚上睡覺經常失眠，患上了各種疾病。最後，她下定決心，一定要將內心的憂鬱全部趕走，不能再讓生命變成如此沉重的負擔。她為自己定下一個規則，那就是每天至少大笑三次，不管自己遇到什麼樣的事情。她努力培養這樣的習慣，即使是遇到別人的一些小挑戰，她也會放聲大笑。她會選擇回到自己的房間，好好的娛樂一番。她的身體狀況很快就恢復過來了，擁有了愉悅的心情，她的家也成為了一個充滿陽光與歡笑的家。

如果人們知道笑聲與歡樂具有的治療作用，知道愉悅與美好的情感自然釋放出來所帶來的好處，那麼世界上至少有一半的醫生都將會失業。

來古格士（Lycurgus）在斯巴達的飯廳裡吃飯的時候，經常哈哈大笑，因為他覺得這個世界上沒有比笑聲更能讓人胃口更好的東西了。

毋庸置疑，笑聲是自然界裡最能提升我們鬥志的東西，這能夠讓我們出現紊亂的身體功能重新恢復到和諧的狀態，能夠讓我們的心靈「軸承」變得更加順滑，防止其因為單調或是無聊的工作而變得了無生趣。笑聲是上帝賜給我們的一份神性的禮物，有助於提升我們的生命，讓我們變得更加健康，獲得更加輝煌的事業。

　　笑聲就像是一個空氣枕墊，能夠緩解你在人生這條高速公路上遇到的各種障礙以及崎嶇的地方。笑聲對我們的身體始終是有益的，這能夠讓我們身體的每一個不正常的部位都回復到正常的狀態，這是治療我們心痛的萬能藥，讓我們更好的面對人生的各種痛苦。笑聲能夠延長我們的生命。那些懂得透過發自內心的笑聲去保持健康的人，往往要比那些以過分嚴肅態度去面對生活的人活得更加長壽。

　　為了過上一種正常的生活，我們內心中那種喜歡歡樂的天然力量必然要釋放出來。發出笑聲是我們鍛鍊的一種方式，能夠讓我們獲得自由，從各種「憂鬱」的情緒中得到解放。

　　我在一篇文章裡讀到這樣的內容，是說一個人的「笑聲肌肉」幾乎處於一種癱瘓狀態，因此他所發出來的笑聲彷彿就是從墳墓裡發出來的。我們美國人都以過分嚴肅認真的態度去面對生活了，很多人都失去了發出笑聲的能力了。他們只能強迫自己發出陰森森的笑聲，但是發自內心深處的愉悅

笑聲對他們來說幾乎就是一種不同尋常的經歷。太多的人都在始終想著辦法如何去賺取金錢，他們的生活過得總是那麼緊繃，充斥著各種計畫與謀慮。他們根本沒有時間去放聲大笑。他們不知道發出笑聲的習慣，對身體是具有好處的，不知道笑聲可以幫助我們清除大腦裡的一些殘餘東西，能夠讓我們將所有工作上的焦慮與不安全部趕走，讓我們的心靈能夠恢復到一種平常的狀態，消除各式各樣的紛爭，讓我們過上更加具有價值的生活。

對於那些已經失去了發出笑聲習慣的人，我要說：「把自己鎖在房間裡，好好的練習一下如何發出笑聲吧。你可以對著自己的照片、家具、鏡子或是任何東西練習發笑，讓你原先僵硬的笑容肌肉重新恢復活力。」

林肯在白宮橢圓辦公室的一角，放著他買到的一本最新出版的幽默書籍。這是林肯的一個習慣，每當他感到疲憊、不安或是壓抑的時候，總是要拿出這本書，好好的閱讀一章，緩解一下自己緊張的神經。幽默的話語，無論是代表著簡單明瞭的智慧或是純粹意義上的胡說 —— 無論是會讓他會心一笑，還是會讓他捧腹大笑，這些都是上帝賜給我們的一份禮物。

在成功的事業生涯裡，笑聲是很重要的一個因素。很多原本可以獲得成功的人之所以現在仍在失敗裡打滾，就是因為他們以過分嚴肅的態度看待生活。他們讓自己散發出一種

不良的氣息，讓他們給人一種不健康的感覺，最終影響到了他們的能力。

我們經常會聽到一些人——特別是那些患有消化不良症的神經敏感女性——說，他們不知道為什麼有那麼多人總是能夠吃得下宵夜，並且還能吃得那麼多，而且之後也不會出現什麼消化不良的症狀。

這些人沒有意識到，這是因為他們的心靈態度發生了改變。他們玩得很開心，與別人進行了愉悅的交談，彼此開的玩笑讓他們都能愉悅的發出笑聲。這樣一種愉悅與歡樂的環境完全改變了他們的心靈態度，這也當然會在他們的消化系統以及身體的其他部位裡得到展現。因為笑聲與歡樂都是消化不良的敵人。任何會讓消化不良之人的心靈擺脫之前想法的行為，都會改善他的消化系統。當他們在家擔心著自己的健康，每吃一口飯就擔心著自己是否會因此出現消化不良的情況，這當然會讓他們無法完全吸收食物的營養。但是，當他們與別人玩得開心的時候，就會忘記自己之前曾有過消化不良的情況，之後還會驚訝的發現自己能夠很好的享受這些食物帶來的樂趣。因此，整個過程其實都是發生在心靈層面上的。

你可以在家裡充分運用笑聲這種治療方法，你可以將所有的藥物都扔在一邊，將看醫生的費用節省起來。

桑德森醫生曾說：「愉悅的心情對他們去做好事所具有的

能量，這絕對不是對身體機能的一種人為的刺激，這並不像是藥物那樣會對人帶來各式各樣不良的生理反應，浪費我們的能量。事實上，愉悅的精神是一種真實的生命能量，可以透過正常的管道進入到我們的生活中去，最終到達我們身體裡的每一個部位。愉悅的心情能夠讓我們的雙眼顯得更加有神，讓我們的面容更加煥發，讓我們的腳步顯得更加輕盈，讓我們內在的生命能量變得更加強大。血液能夠更加自由的循環，氧氣能夠更好的進入我們的血液當中。在這樣的情況下，我們可以維持健康的身體狀況，消除遇到的各種疾病。」

可以說，世界上沒有任何一種藥物能夠與愉悅的心情相比的。一個內心愉悅、性情陽光的醫生對病人產生的作用，絕對要比一家藥局還要重要。當某位醫生來到我們身邊，特別是對那些之前因為對疾病而感到內心恐懼的病人來說，醫生的到來會為他們帶來神奇的作用。當醫生能夠以一種積極樂觀的態度對病人的情況進行陳述，那麼病人之前沮喪或是絕望的神色就會自然消失。在很多時候，病人所感受到的痛苦都會因為醫生給予的心靈鼓勵以及支持，而得到進一步的減輕。

病人們總是用熱切的眼神看著醫生的臉龐，想要從中找到一絲希望的神色。任何藥物都比不上一個鼓舞心靈的眼神所帶來的神奇作用。

一位朋友還記得，在他小的時候，當一位年長的家庭醫

生來到家裡，這會為整個家帶來了生命力與歡樂，讓家裡的每一寸地方都似乎瀰漫著陽光，讓每一位家庭成員都為自己的生病狀態感到恥辱，為上帝製造出來的完美作品需要進行這樣的修補而感到無比遺憾。

這位朋友說：「當這位醫生進入家門之後，整個房子的氣氛似乎一下子發生了變化。他那爽朗的笑聲在房間裡迴盪。在寒冷的冬天，他會在火堆前摩擦自己的雙手。他的出現為我們帶來的幫助要遠遠勝過他開給我們的藥物。不知怎麼的，在我們請他來之後，我們所面臨的身體問題似乎一下子就消失不見了。」

波士頓最為成功的一位醫生幾乎是從來都不開藥的。他那張愉悅的臉以及樂觀的性情，會將病人們的煩惱全部趕走。他會想著用希望去代替病人心中感到的絕望，用自信與愉悅的肯定去為病人帶來繼續活下去的希望。他總是想辦法讓病人能夠感到自己的身體正在慢慢好轉，讓他們的內心充滿著要迅速康復的堅強決心。

有太多人之所以停滯不前或是無法前進，成為一個無趣、心智不正常的人，就是因為他們之前沒有養成積極樂觀的生活習慣。可以說，沒有比培養積極樂觀的生活習慣，將歡樂與快樂到處傳播，散發出愉悅的性情更加重要的習慣了，因為這對我們的身體健康以及過上幸福的生活，都有著

極為重要的意義。

　　現在，越來越多的雜耍劇場以及其他的遊樂設施都生意興隆，這似乎說明了人們在追求樂趣方面極強的需求。那些對此不理解的人肯定會在認知上遭受了一定程度的扭曲與不安。

　　當你看了一場非常有意義的戲劇之後，這會對你的生理與心靈層面產生多大的影響啊！你去看戲之前，內心感到疲憊與無聊，你的心靈功能因為各種大腦思考的「灰燼」而被堵塞了，這讓你無法進行清晰的思考。但在你看完戲回到家之後，你就會感覺自己似乎成了一個全新的人。

　　一位商人在忙碌了一天疲憊的工作之後回到家，他可能也會體驗到相似的情況。與孩子們嬉戲玩耍，與家人或是朋友度過一段快樂的時光，跟別人說一些笑話，讓疲憊的大腦神經能夠恢復到一種正常的狀態，讓我們的身心能夠恢復到一種正常的狀態。

　　我看到過不少人在全身心聆聽一些故事與笑話的時候，發出了源自內心的笑聲。他們在與朋友們度過了一個愉悅的晚上後，似乎自己好好的睡上了一覺。我將這樣的人生體驗視為一種度假。

　　任何會讓你成為一個全新意義上的人，任何會將你大腦裡的灰燼全部清除出去的行為，任何能夠趕走恐懼、憂慮與不安情感的東西，都是具有實用價值的。

我們絕對不能將樂趣以及幽默視為某種短暫易逝的東西，而應該將之視為一種具有持久藥效的東西，可以對我們整個人的內在產生一種積極的影響。

　　為什麼我們就不能將玩得開心視為我們每天生活程序中的一部分呢？為什麼我們就不能將這點列入我們偉大人生計畫的一部分呢？為什麼我們總是要顯得那麼嚴肅與陰鬱呢？難道我們活在這個世界上只是為了生存嗎？

　　那些能讓我們發出笑聲或是讓我們更好享受生活的東西，不僅有其存在的價值，而且還能對我們的生活有一種提升的影響。讓人發笑的話語不會對任何人帶來不良的影響，相反，許許多多的人能夠因為這些笑話而變得更好。樂趣就是我們的一種心靈食物，這與麵包是我們維持生命的一種必需食品是一樣的。

　　誰能估量那些偉大的幽默之人對這個世界帶來的極大好處呢？他們協助人們將煩惱與悲傷全部趕走，減輕人們肩上承載的負擔，讓人們不再對那些可怕的工作感到負累，讓那些沮喪與孤獨的人感到愉悅。

　　一位以擅長寫幽默笑話的作家最近收到了一位女士寄來的信件，這位女士在信件裡表示，他所寫的一首幽默詩歌曾經挽救過她的生命。

　　那些想辦法幫助那些心靈受困的人，那些想辦法減輕那

些悲傷之人承受負擔的人，那些為哭泣之人擦去眼淚的人，其實就是人類文明的真正建造者，他們對文明的發展做了重大的貢獻。

我們很少有人真正意識到愉悅與笑聲所具有的生理與心理層面上的真正價值。一位著名的法國醫生曾說，我們應該努力培養孩子養成發出笑聲的習慣。

這位法國醫生說：「鼓勵你的孩子放聲大笑。發自內心的笑容能夠拓展我們的胸腔，讓血液能夠更好的流動。你要努力讓自己發出爽朗的笑聲，你不要像那些小人那樣發出陰森的笑聲，而應該發出爽朗與正直的笑聲。」

現在，我們意識到了一點，那就是按照商業原則去訓練自身的心智，這是很有必要的。努力培養自己去做某些事情的能力，這是重要的，但很多人似乎根本沒有意識到培養愉悅性情的重要性。我們應該在孩子還小的時候就培養他們性情愉悅的習慣，這應該被視為孩子們對人生做好充分準備的一種訓練——讓他們的心靈始終向著陽光，不斷提升他們感受快樂的潛在功能。

我們對孩子負有的第一個責任，就是要教育孩子們要將與生俱來的歡樂與情感放在他們喜歡的事情上，讓他們能夠從大自然的世界裡，感受到那種純天然的愉悅情感。要是我們壓制孩子追求樂趣的天性，這其實就是對孩子們的心靈與

道德功能的一種壓制。要是我們持續的壓制孩子們這樣的天性，那麼他們這樣的天性就可能永遠被扼殺在搖籃裡面了。很多母親都是在不斷警告著他們的孩子不要做這樣的事情，不要做那樣的事情，告訴孩子們不要肆無忌憚的發出笑聲，也不要製造出許多噪音，直到孩子們最後失去了天然的純真，成為了一個小男人或是小女人。這些父母可能根本就沒有意識到他們的教育方法，對孩子造成的重大傷害。

一位著名的作家曾說：「那些從小缺乏歡樂的孩子是很難有所成就的。那些從不開花的樹木是永遠都不會結果的。」

年輕人身上有著一種追求樂趣與歡樂的不可遏制的熱情。如果這些願望能夠在家庭環境下得到滿足，那麼父母想讓孩子乖乖待在家裡也不是一件難事。我始終覺得，當父親與孩子都想著辦法要離開家，不願意在晚上待在家裡，那麼這個家庭肯定是出現了一些問題了。一個充滿快樂的幸福家庭對孩子們來說，就像是一塊龐大的磁石，能夠將大家吸引在一起。對家庭產生的神聖記憶會讓很多人努力維持自己的自尊，遠離犯罪的行為。

對你以及你的孩子而言，歡樂是這個世界上最廉價與最好的藥物。你可以向他們施加最大的歡樂分量。這不僅可以讓你省下醫生的帳單，而且還能讓你的孩子更加快樂，提升他們在生活獲得機會的可能性。要是所有的孩子都能夠有一

個快樂的童年，那麼世界上有一半的監獄、精神病院以及救濟院都將關門。

　　事實上，愛玩的本能 —— 對樂趣的追求 —— 這是孩子們身上一種極為強烈的天性，這充分說明了每個人都有著愛玩的天性。若是這樣的天性遭到壓抑的話，這會讓他們的人生留下陰影。

　　充滿陽光與歡樂的童年對於每個人來說，都好比是肥沃的土壤與充足的陽光之於剛生長沒多久的植物。如果早期的狀況不是那麼好的話，那麼植物就會處於一種缺乏營養與枯萎的狀態，這樣的結果是無法在之後的時候去進行修正的。對於這些植物來說，要麼現在，要麼以後就沒有任何機會了。對於我們人類來說，情況也是如此。要是一個人在童年時期心智得到足夠的發展，總是受到各種的壓抑，那麼這會讓他成為一個心靈的侏儒。充滿樂趣與歡樂的環境能夠培養我們的能量，讓我們獲得更多的資源，將我們在冷漠、壓抑的環境下處於沉睡狀態下的潛能全部激發出來。

　　不知有多少人過著無聊與無趣的生活，他們似乎活在一片沙漠當中，歡樂的情感似乎從小就沒有出現在他們的生活當中。他們年輕的生活似乎受到了各種壓抑，讓他們無法從早年的生活中獲得各種甜美的歡樂果汁。

　　我們到處都可以看到許多面露不滿或是不快樂的男女，

這是因為他們人生早年缺乏足夠多的歡樂經驗。當年輕人的心最終僵化起來了，那麼他們是無法對一個充滿歡樂的環境進行恰當的回應。

快樂的消遣行為會對我們的心靈功能產生一種微妙的影響，讓我們的心靈功能不斷得到增強與提升。快樂的消遣行為會讓我們的勇氣與決心得到提升，拓展我們的夢想，讓我們對人生的整體看法都發生一番改變。幽默與歡樂的話語似乎會流出一種微妙的液體，能夠穿透一切事物，讓我們的心靈功能沉浸其中，將大腦裡所有的思考灰燼全部趕走，讓我們的身心重新恢復活力。我們都曾體驗過歡樂的情感為我們的身心帶來的這種身心層面上的改變。

很多人就是因為沉浸在生活中一些讓人反感或是不愉悅的事情當中，從而讓自己無法過上充滿歡樂與幸福的生活。這些人似乎總是觀察著生命中醜陋與錯誤的一面。

我曾在一位牧師的家裡生活過一段時間，在長達幾個月的時間裡，我幾乎沒有看到過一個人發出笑聲。對這一家人來說，每個人板著臉，保持清醒的頭腦，這似乎成為了一種家庭信仰。其實，這些人對這個世界也沒有真正的用處，他們似乎在為來生的到來而做好準備。每當這位牧師聽到發出笑聲，就會立即提醒我最好思考一下我的「來世」，要求我隨時為可能到來的死亡做好準備。在這位牧師看來，笑聲是毫無意義且世

俗的，他認為在家裡玩耍也是一件不可以接受的事情。

　　滿臉憂鬱與一副正經的模樣，這曾被視為追求精神境界的一種象徵。但是，現在的人們已經知道這是病態精神的一種象徵，這其中根本就沒有任何的信仰的成分。真正的信仰充滿著希望、陽光、樂觀主義精神與愉悅，是應該充滿歡樂與美感的。任何醜陋、不和諧以及悲傷的東西之中，都根本不存在著任何基督教義。基督教所傳播的宗教信仰是積極與光明的。《聖經》裡面談到的「田野裡的百合花」以及「空中的小鳥」、山丘、山谷、樹木、高山以及小溪 —— 所有這些都是充滿美感的 —— 所有這些都代表著上帝的教導。這些教義之中根本就沒有任何的冷漠與乾燥的教義內容，有的只是代表著歡樂的基督教義。

　　歡樂的情感是這個世界上偉大的奇蹟創造者，這種情感能夠增強我們整個人的人格，增強做事的能力，讓我們的人生充滿了全新的生命力。只有當一個人失去了感受歡樂的能力，失去了積極樂觀的人生鬥志，才算得上是一個真正意義上的失敗者。那些能夠做到最好，並且臉上掛著笑容的人是不會感到沮喪的，即使事情出現了差錯，前面的道路顯得一片黑暗，他們都始終相信自己必定能夠獲得最終的勝利。

　　在一位著名牧師的「再見」演說裡，他曾說：「在我回來之前，不要停止歡笑。」這句話適合我們每個人。

第十七章

日晷的銘言

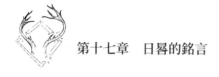

在一個著名的日晷上這樣寫著：「我所記錄的不過就是陽光的歲月。」要是人們能夠將這句話視為生命的座右銘，那麼他們的人生將會變得更加美好。

要是我們能夠永遠的將所有一切不愉悅的事情全部趕出心靈世界，將所有為我們帶來痛苦記憶以及不幸聯想的事情都全部趕走，那將是一件多麼美好的事情啊！如果我們能夠讓心智世界裡填充著所有激勵人心的美好思想，那麼我們的生活與工作效率將會得到極大的提升。

難道一些人不是似乎始終沒有足夠的能力去記住那些讓人愉悅與美好的事情嗎？當你遇到他們的時候，他們始終會有一些悲傷的故事要跟你說，說什麼過去曾經發生的一些不好事情以後肯定還是要發生的。他們會告訴你之前發生的各種災難、狹路逢生、各種損失以及他們面臨的各種痛苦。他們很少會提到陽光燦爛的日子，也不會提及過去那些幸福的生活體驗。他們總是在回想起過往那些不愉悅、難堪的生活經歷。運氣不佳的歲月似乎會在他們的心靈裡留下極為長久的記憶，讓他們覺得每天似乎都是要下雨似的。

其他一些人則似乎做著與此完全相反的事情。他們始終談論著愉悅的事情，美好的時光以及他們生命中一些愉悅的體驗。我認識一些人曾經遭遇過許多不幸、損失、悲傷，但他們卻很少提及這些事情。你可能會覺得這些人之前從未遭

遇過那些不幸的事情，而只是過得一帆風順，認為他們從來沒有結交敵人，每個人都喜歡他們。這些人往往能夠將我們牢牢吸引，成為我們所愛的人。

養成用自身陽光的一面去對待別人的習慣，這是在腦海裡始終培養仁慈、友愛與愉悅思想的一種結果，而性情陰鬱、喜歡諷刺或是性格卑鄙的人，則喜歡懷抱著冷漠、不仁慈的想法，直到他們的大腦習慣性的在黑暗的世界裡打滾，讓他們的人生只能傳播出黑暗。

有些人的心靈世界就像是一個垃圾場，這個垃圾場裡堆滿了許多有價值的東西，當然裡面也還存放著許許多多的垃圾。這樣的一個世界缺乏秩序與制度，這些人的心智囊括了一切東西 —— 包括好的與壞的，或是任何冷漠的東西。他們從未有將東西借給別人用的想法，因為他們擔心這些東西在未來某個時刻可能是有用的，他們的心靈世界裡因為各種心靈的垃圾而出現了堵塞的情況。如果這些人能夠定期進行清理，將所有的垃圾全部去掉，將所有一切讓人疑惑的東西全部扔掉，然後再以系統化的方法對剩下的東西進行安排，那麼他們就有可能會有所成就。因為無論對任何人而言，當我們的心靈處於一種困惑與紛爭的狀態時，要想去將工作做好，這並不是一件容易的事情。

你要努力擺脫心靈的垃圾。在你度過每一天的時候，千

萬不要被各種無關緊要的事情壓著自己，增加自己身上背負的負擔。我們到處可以見到一些人無法獲得長足的發展，無法充分利用自己手中的資源，就是因為他們從未學會過放手。他們像是那些過分小心謹慎的管家，始終不願意扔掉任何東西，擔心這些東西日後可能還會有用。他們將許多東西都堆放在房子的角落或是衣櫃裡，然後將之成為「日後可能還需要的東西」。可見，習慣性的將某些東西扔掉的做法具有難以估量的價值。

有時，我們會遇到那些心智世界就像是公車的人。現在，你能看到他們是正常的男女 —— 具有著良好的品格，之後他們卻變成了酒鬼或是品行不端的女性。換言之，這些人會找到第一位過來的客戶，並不關心自己是好是壞。因此，這樣的心靈態度會讓人挑選各式各樣的思想，其中就包括好的與壞的，也包括許多冷漠的思想，整個過程都是沒有任何選擇的。這就好像是一個海綿，能夠吸引它附近的一切水分。對這樣的人來說，要想讓心靈始終處於一種純潔與自由的狀態，擺脫各種敵對的思想、衝突的思想以及各種不和諧的思想，這是至關重要的。

培養最優秀的品格的一大成就就是，我們有足夠的能力去控制自身的心智，將所有敵對的思想都趕出心靈的世界 ——這些思想會為我們的生活帶來各種摩擦與不安，讓我們的生活

倍感壓抑，最終導致我們的人生陷入一片黑暗的世界裡。

當一個人的心智因為不快樂或是不良的思想而陷入到一片陰霾當中，任何人都是無法將手頭上的工作做好的。心靈的天空必須要處於一片蔚藍的狀態，否則我們的心靈工作是很難處於一片燦爛與美好的狀態之下。

如果你想要盡最大的努力去將事情做好，就要讓自己的心智始終保持著陽光，使之充滿著美感與真理，讓自己的內心充滿著愉悅與提升的思想。你要將所有一切不快樂與不和諧的思想全部埋葬掉，將所有限制你自由、讓你感到煩憂的事情全部趕走，不讓這些事情將你牢牢控制住。

心靈的宮殿不是讓我們去儲存那些低等、卑鄙或是無趣的事情，這本應是眾神存在的地方，應該是我們保存著高尚目標、雄心壯志的地方。

擁有神性象徵的人卻始終被卑鄙、毫無價值的不良思想所控制，這實在是一種恥辱，以後也肯定會被世人視為無盡的羞辱。人們終將了解到，內心懷抱著一種紛爭、不和諧的思想是一件羞恥的事情，因為他會覺得自己似乎在偷竊的時候被別人發現了一樣。一旦人們能夠對自己有了真實清晰的了解，窺探到自己內在的潛能與尊嚴，那麼他就絕對不會讓心靈的敵人從出生到死亡的整個過程中牢牢將他控制住。

每個人都不應該表現出紛爭，而是應該展現出和諧，每

個人都應該表現出真善美與幸福，而絕對不是各種缺陷以及不好的東西。

只有當一個人懂得訓練自己的心智去忘記所有一切無法讓他從中獲得好處的習慣之後，他才算是掌握了真正的生活藝術。當他養成了這樣的一種習慣，之前阻礙他進步，影響他無法感受到快樂的東西都將全部消失。無論你犯了多大的錯誤，你都應該將其埋葬掉，而且是永遠的埋葬掉。你不要一直想辦法去進行挖掘，你已經明白了其中所蘊藏的含義。你從一次糟糕的錯誤當中所能得到的唯一好處，就是努力讓自己在下次的時候做得更好一些。

內心懷抱著各種損人利己的想法，沉浸於各種不幸的想法當中，為可能到來的失敗產生病態的想法，這會讓我們得到什麼嗎？心懷怨恨以及臆想出來的羞辱，這是否能讓我們得到回報嗎？

對於那些讓人不悅的思想或是生活體驗，我們只有一種處理的方法，那就是努力的擺脫這些不好的生活體驗。你要讓自己不再像是一個小偷那樣，在自己心靈的世界裡偷偷摸摸，鬼鬼祟祟的生活了。你無法承擔讓影響你內心平和與舒適的敵人進入心靈世界所帶來的嚴重後果。

如果你對別人有著強硬或是不善意的思想，如果你試圖與之前傷害過你的人「扯平」，或者說如果你正在遭受著嫉

妒、羨慕或是仇恨等情感所帶來的痛苦，你就要努力的驅散這些會扼殺人生命活力的情感，將所有不和諧的思想全部趕走，將這些情感視為你心靈世界裡的一個可怕敵人。你可以對自己說：「這樣的行為是缺乏男人氣概的，這是不友好的做法，這樣做是缺乏人性的，這是代表著卑鄙與低俗的想法。我絕對不能憑藉這樣的思想在這個世界上立足。」

只要你還心懷著仇恨、嫉妒、報復、憂慮或是恐懼的想法，你就必然像是那位走在砂礫路上，鞋子裡面裝著一塊小石塊的行人。要想更好的前行，你就必須要將鞋子裡的石頭拿走。

我們絕對不能對任何人心懷怨恨與不滿，否則這會對我們自身的品行造成嚴重的傷害。怨恨與不滿的思想會讓我們的本性變得越來越強硬，讓我們漸漸變得卑鄙，最終像低等的動物那樣充滿了獸性。另一方面，若是我們能夠擁抱著善意的思想、愛意的思想以及仁慈善良的思想，那麼這會讓我們的生命變得更加高尚，讓我們的品格變得更加美好，豐富我們自身的品行。我們的心靈態度會讓我們的人生增添色彩。我們有怎樣的內心想法，就能以怎樣的方式去面對別人。如果我們心懷著仇恨的想法，那麼我們就會做出仇恨的行為，如果這是報復的想法，那麼我們就會做出報復的行為。我們的所作所為都會與自身的行為相似。正所謂你有怎

樣的想法，你就是怎樣的人。我從未認識一個真正善良的人
會對別人有著卑鄙不良的想法，或是始終批評著別人，質疑
別人的動機，認為別人是處於低等自私的動機。

　　千萬不要在心底暗自培育各種幻想出來的錯誤思想，不
要認為別人的一些行為是在侮辱著自己。你不能對任何人都
心懷著惡意的思想，因為這些思想會讓人感到無比疼痛。這
樣的思想對我們的大腦會產生一種毒害的作用。心靈的痛苦
就像是酵母，最後會經過我們整個人的身體系統。若是我們
長時間沉浸在痛苦的情感裡面，這會削弱我們的生命活力，
讓我們無法去做一些真正具有價值的事情。那些不良的思想
就是你保持年輕活力的敵人，也是你過上幸福與成功生活的
敵人。你絕對無法承擔讓心靈世界被這些思想束縛所帶來的
嚴重後果。

　　不要記住任何會影響你工作效率或是讓你工作受阻的不
愉悅事情。你只需要從記憶的世界裡將這些事情趕走即可，
而不要管這些事情曾經為你的自尊帶來了多大的傷害。你的
偉大目標應該是不斷進步，你無法承受讓很多垃圾想法始終
黏附在你的心靈世界裡，阻擋你無法全速前進。你需要全
身心的投入到工作中去，將自身所有的能量都集中在工作中
去。你要將自己所有的能量都集中在主要的事情上，讓你的
每一寸能量都能夠釋放出來。

你要下定決心，讓自己成為一個心胸寬廣、仁慈的人，忘記別人對自己帶來的各種傷害，不要心懷惡意，而要記住絕大多數人都是心靈善良的，絕對不會故意對你帶來傷害。你要努力向別人展現出自己的善意。你要始終保持樂觀、友善與愉悅的態度，無論別人曾經對你說過什麼做過什麼。你要學會以仁慈的角度去對別人的動機進行解讀，那麼你將會驚訝的發現自己的態度發生了重大的轉變，這樣的轉變不僅適用於你自己身上，而且還適用於你與之往來的人身上。友善、積極的思想能夠遏制住你的心靈敵人，讓你能夠以更快速的方式成為一個更好的自己，保證自己不會成為一個尋求報復或是想要「扳平」的人。

　　那些能夠向每個人散發出愉悅性情的人，那些對別人說出善意話語的人，那些能夠看到其他人身上的上帝影子的人 —— 這些人就是我們所熱愛與尊重的人。

　　為什麼要記住別人對我們所說的各種不善意的話語呢？如果我們能夠實踐忘記別人說過一些不好事情的方法，那麼我們就能學會去愛我們曾經所恨的人，學會尊重我們曾經鄙視的人，幫助那些曾經阻擋我們前進的人，讚美那些我們曾經批評的人。

　　好的東西會將不好的東西排斥掉，高尚的東西會將低俗的東西排斥掉，偉大的情感會將低俗的情感趕走。美好的情

感不僅能夠將不良的情感全部趕走，而且還能完全占據其中。

　　一位深感悲傷的女性說：「我已經下定決心了，我再也不會因為自身遇到的問題而感到悲傷了。當我哭泣的時候，我要放聲大笑，用笑聲去驅趕憂傷。當我遭遇不幸的時候，我要用微笑去面對。我會努力讓每個走過我身邊的人都能說出快樂的話語，懷抱著陽光的想法。」

　　當你的心情處於低谷，感到憂鬱、沮喪以及憂慮的時候，準備著隨時要放棄自己為之努力了許久的目標，你是否遇到過那些性情陽光、為人幽默的人呢？他們的出現似乎能在幾分鐘內，就將你整個人的狀態全部改變了，讓你將心靈世界裡所有鬼魅般的幻影全部趕走，讓你感受到了幽默與美好的性情。這不僅是因為你改變了自己的思想，還因為這種全新的心理暗示始終存在於你的心智世界裡。這只是利用更加強大的動機、情感以及思想去改變自身想法的一個問題罷了。如果我們知道一種強大的動機在驅趕那些軟弱與低俗的思想等方面所具有的作用，那麼我們就會迅速將那些恐懼與絕望的陰霾全部趕走，用堅定與自信去代替所有的疑惑與不安。

　　如果我們的內心沒有懷抱著對我們有好處的想法，那麼這些想法就不會讓我們留下持久的印象。事實上，這些想法也根本無法控制住我們。只有當我們懷抱著這種思想，將這

些思想翻來覆去的進行思考，才能讓這些思想深入我們的心智世界裡。

擺脫錯誤的一個方法就是讓我們的心靈世界裡充滿著真理。擺脫心靈紛爭的一個方法就是讓我們的內心充盈著和諧與愛意的思想。

和諧的狀態就代表著一種事實，一種實實在在的存在，代表著一種創造性的能量。人們終將了解到，孩子們從小就該被教育遠離各種心靈的敵人，讓他們知道如何過上和諧的生活，知道如何運用希望與真理的方法去好好生活，遠離所有鬼魂以及醜陋的陰影。他們從小就會接受真善美的教育，而這和諧、美好以及健康的思想，將會幫助他們扼殺掉所有不良的思想。這就堪比是水能夠將大火澆滅一樣。

第十七章　日晷的銘言

第十八章

種瓜得瓜

第十八章　種瓜得瓜

思想是命運的別名，
選擇屬於自己的命運，然後耐心等待——
因為愛意會帶來愛意，仇恨會帶來仇恨。

—— 艾拉·惠勒·威爾考克斯

「美好的思想會凝結成優雅與充滿善意的行為習慣，這會漸漸讓我們處在一種充滿陽光與美好的環境當中。」

很多人都知道，他們播下什麼樣的種子就只能收穫什麼樣的莊稼。但是，奇怪的是，很多人卻在播下玉米種子的時候，想著能夠收穫小麥。很多人在心靈「播種」方面上，根本上就是無視心靈的法則。

當我們多年來都是在懷著一種痛苦與不知足的心態時，那麼我們又能根據什麼樣的原則去期望收穫幸福與知足的情感呢？當我們總是在播下疾病的種子時，又怎麼可能收穫健康呢？

要是一位農民在農場播下薊草的種子，卻想著收穫小麥的話，那麼我們會認為這位農民肯定是發瘋了。但是，我們在心靈的世界裡播下恐懼、憂慮、不安、自我懷疑等思想，卻還對自己為什麼無法處於一種心靈和諧的狀態感到萬分奇怪。

我們在思想層面上的收穫，其實與農民遵守的播種法則是相差無幾的。播下玉米的種子就只能收穫玉米。一個人的成就就在於這樣的豐收，不管這樣的豐收是大是小，是輝煌

還是渺小，是豐盛還是稀少，這一切都取決於我們在播種時內心所持的想法。

一個播下失敗思想種子的人是絕對不可能收穫成功的，這就好比一個播下薊草種子的人是根本無法收穫小麥的。如果他播下了樂觀的種子，播下了和諧、健康、純潔與真理的想法，那麼他們就能收穫與此對應的東西。但是，如果一個人播下了紛爭的思想，那麼他們就只能讓自己面對紛爭的局面。

和諧的狀態代表著一種能量，而紛爭則代表著一種軟弱。悲觀的思想就好比是薊草，會讓我們無法得到好的收成，讓我們的收穫大打折扣。

如果我們能夠意識到心靈的法則其實與實體層面上的法則是完全一樣的，那麼我們就能很好的解決生活中面臨的各種問題了。大腦裡產生的每一種思想都必然會產生一種結果 —— 不管最後收穫的薊草或是玫瑰，是野草還是小麥 —— 都是如此。

我們的人生事業就是自身心靈播種的一種產物。如果我們播下狂風的種子，那麼我們也將收穫颶風的結果。

如果我們播下了富足的思想，那麼我們也將收穫富足的生活。但是，如果我們播下了卑鄙、低俗以及狹隘的失敗思想，那麼我們必然會收穫貧窮。換言之，生命的收穫必然要

遵循著我們的思想。當我們看到一個臉上充滿著自私神色的人，我們就知道此人在播下著自私與邪惡的種子。另一方面，當我們看到了一些人臉上露出了冷靜與積極的神色，我們就知道他們播下了和諧與積極的思想種子。

如果說宇宙中還有什麼法則是需要一直強調的話，那就是物以類聚的原則在任何地方任何時候都是適用的。

要是一個人拿著小刀對著自己的肉體進行傷害，直到最後鮮血都流出來了，那麼這樣的人肯定要被關在精神病院裡。但是，我們同樣經常用各種不良的思想工具 —— 仇恨、報復、憤怒與嫉妒等思想 —— 去傷害著自己的心靈。即使如此，我們還是認為自己是正常與理智的。

每一種思想都代表著一粒種子，能夠產生與其自身完全一樣的心靈植物。如果我們播下的思想種子裡含有毒素，那麼最後結出來的果實也必然會含著毒素。這將最終摧毀我們的幸福與工作的效率。

如果你為了滿足自己的欲望而出賣了良知，那麼你也只能期望自己得到與此相應的回報。那些為了一己私利而出賣自己靈魂，從來不願意施捨的人，在收穫季節若是只能得到薊草與荊棘，他們也絕對不能對此抱怨。生活對我們每個人都是公平的。我們付出什麼，就能收穫什麼。事實上，很多人都想要得到一些東西，但卻不願意為此付出一定的代價。

當然，我們只能得到自己所付出的東西，因為自然始終都在控制著一個規律。我們付出了怎樣的努力，她就會給我們多少報酬。要是我們不願意付出這樣的代價，就將什麼東西都得不到。

未來的人們將會明白，如果他們想要過上富足的生活，那麼他們就絕對不能播下失敗與貧窮的種子，不能讓沮喪或是自我懷疑的種子在他們的內心世界裡生根發芽。如果他們想要擁有真善美的品格，那麼他們就要播下善意、愛意的種子。若是他們播下了仇恨、嫉妒、痛苦以及報復的種子，那麼他們也將收穫悲慘的結果。

未來的人們將會按照科學的原則去生活。他們知道只有一種方式能夠帶來生理層面上的和諧，能夠讓我們的身體充滿力量與活力，那就是播下健康的心靈種子。我們要像農民那樣認真對待自己播下的種子，否則到秋天的時候就可能顆粒無收。

我們的身體不過是心智的一種反應，而不是其他任何事物的反應。要是一個人擁有真善美的思想，那麼他的身體也會與這些習慣性的想法保持一致。這只是一個時間上的問題而已。整個過程並不存在著什麼神祕之處。這是一種絕對意義上的法則：同類的想法自然會相互吸引。

對一名小偷來說，他這樣的行為對被偷的人造成的損

害，根本不及對自己帶來的傷害。他這樣的行為雖然會對被偷者帶來一時的不便，但是他卻對自己灌輸了一種有毒的思想。我們每個人天生都有這樣的一種信念，那就是我們對別人造成了傷害，這最終必然會對自己造成傷害。如果我們想要善待自己，那就必須要善待別人。我們在攻擊鄰居的時候，必然也會遭受到鄰居的攻擊。這就是基督教傳播的一種全新哲學。在耶穌基督所處的時代，就有了「以牙還牙」的說法，就是說對待不友善的行為，我們要以不友善的行為去對待。但是我們也被教育不能進行反擊。「你們已經聽說過以牙還牙，以眼還眼的說法。但我要對你們說，你們不能抵抗邪惡，無論是誰對你發動進攻，你都要堅決的進行反擊。」

「你也已經聽到了我是怎麼說的，你應該熱愛自己的鄰居，憎恨你的敵人。但我要你們說，熱愛你的敵人，祝福那些詛咒你的人，對那些仇恨你的人不要記恨，為那些迫害你的人祈禱吧。」這是符合化學與數學的科學法則。

未來的人們將會意識到，無論是對真實還是幻想出來的傷害進行報復的想法，都只會讓我們失去人生的活力，讓我們無法獲得重大的成就。

嬰兒會不小心將手伸入火焰裡，直到灼熱的疼痛教育他要將手縮回來。在我們用那些恐懼以及不良的思想折磨自己之後，在我們體驗了許多這樣的情感之後，我們將會明白這

樣的代價實在是太高了，我們無法承擔向別人「討回公道」所具有的代價。當我們對自身有更加深入的了解之後，那麼自我保護的想法就會讓我們避免做出過於激烈的行為。

我們可能會抱怨自己所處的狀況，但是我們其實只是在收穫自己昨天播下的種子。這樣的收穫沒有任何逃避可言。要想在明天有完全不同的收穫，我們今天就該進行不同的播種。我們所做的任何事情，任何閃過我們腦海的念頭，都好比我們播在這片土地以及世界上的種子，最終必然會讓我們收穫果實。很多人都會對此抱怨，因為他們收穫的東西全是荊棘、薊草與野草。但是，如果他們能夠認真分析自己的生活，就會發現自己一直以來都在播下自私、嫉妒與羨慕等情感的種子。如果他們能夠播下無私、友善、幸福與愛意等種子，那麼他們就能有一種完全不同的收穫。

人們終將了解到，一個真正具有智慧的人將再也不會對別人產生任何殘忍、羨慕或是嫉妒的想法，因為這樣做，無異於將自己的手伸進火焰之中。

未來的人們將不會用邪惡的思想去傷害自己。他們不會用嫉妒或是仇恨的思想去傷害自己，也不會懷抱著恐懼或是軟弱的思想。他們會像那些小孩在明白了火焰的威力之後，就會將手縮回來，他們會避免對自己造成任何沒有必要的煩惱與痛苦。

國家圖書館出版品預行編目資料

官網

當恐懼占據心靈，日常逐漸失序：無意識控制、毀滅性心理暗示、睡眠狀態訓練，擺脫無用的負面思想，奧里森・馬登談信念的力量 / [美] 奧里森・馬登（Orison Marden）著；胡彧 譯 . -- 第一版 . -- 臺北市：崧燁文化事業有限公司 , 2023.05

面；　公分

POD 版

譯自：Peace, power and plenty.

ISBN 978-626-357-324-6(平裝)

1.CST: 人生哲學

191.9　　112005529

當恐懼占據心靈，日常逐漸失序：無意識控制、毀滅性心理暗示、睡眠狀態訓練，擺脫無用的負面思想，奧里森 ・ 馬登談信念的力量

臉書

作　　者：[美] 奧里森・馬登（Orison Marden）

翻　　譯：胡彧

發 行 人：黃振庭

出 版 者：崧燁文化事業有限公司

發 行 者：崧燁文化事業有限公司

E-mail：sonbookservice@gmail.com

粉 絲 頁：https://www.facebook.com/sonbookss/

網　　址：https://sonbook.net/

地　　址：台北市中正區重慶南路一段六十一號八樓 815 室

Rm. 815, 8F., No.61, Sec. 1, Chongqing S. Rd., Zhongzheng Dist., Taipei City 100, Taiwan

電　　話：(02)2370-3310　　傳　　真：(02) 2388-1990

印　　刷：京峯彩色印刷有限公司（京峰數位）

律師顧問：廣華律師事務所 張珮琦律師

-版權聲明

本書版權為出版策劃人：孔寧所有授權崧博出版事業有限公司獨家發行電子書及繁體書繁體字版。若有其他相關權利及授權需求請與本公司聯繫。

未經書面許可，不可複製、發行。

定　　價：399 元

發行日期：2023 年 05 月第一版

◎本書以 POD 印製